U0111805

大展好書　好書大展
品嘗好書　冠群可期

大展好書　好書大展
品嘗好書　冠群可期

太極長生法門

（一）

—入 門

（附DVD）

趙憲民 著

大展出版社有限公司

作者與師父上壽子王延年老師合照

自　序

　　古來中華武術的代代傳承，以心口相傳或有師父留一手，傳媳不傳女，或不傳外姓、外族等等文化存在；使許多太極拳派的內修心法，內功精華流失於傳承間。這是目前看各門派的拳架活動，流於身體四肢體操、外在運動，或在意識層面作為、身肢鬥力，在招式變化技巧、身肢上推手作功；把人體自主功能內修，吐納導引、生性健康法門，遺落於代代口授心傳授間、失傳了。

　　楊家秘傳太極拳術，秘在張三豐祖師延年益壽功法完整傳承；清初滿族入關，楊露禪祖師將太極精華奧秘隱忍不宣，秘傳至家師第四代，維持完整；武術內外合一功法，內勁源自身心內在，自主功能運動、內臟組織健康根基。

　　大自然生命力本然狀態，展現在出生嬰兒身上，骨弱筋柔、生命力旺盛，神情安舒、血氣順暢，少思少識、性情純覺活潑狀態；隨著成長、求生的心性向外活動過程，身心各層面蘊積了意識，在人體中各種功能層面的意識活動，也形成了相互干擾與阻礙，組織微循環阻滯、細胞生生不息本然退化，是人體功能

減弱、病變或老化的原因；生命力本能的受阻，啟動了人體天擇基因，也即細胞的退化決定了人的壽命。

本系列著述，以現代生理學常識，解說人體內在修為，介紹了秘傳太極武術內功心法，直接在內臟、自主功能運動，內臟肌群健康的產生太極內勁；在常人運動不到的內臟，自律性的內在運動養成，及於細胞代謝活潑健康，是古來武術內修的學問；經人體身心內外生機原理原則，意識自覺本然內修法門，向神氣導引、血氣活絡，全身細胞代謝活潑介紹了太極內修全程，也即衰退細胞復健、抗老化，或有病變得到改善或向痊癒發展的過程。

作者出生於臺灣，年輕時從事煤炭化工業，專心商務與經貿歐美市場，並曾於內地晉中焦炭商貿，整船運銷日本與回銷臺灣；因緣際會經天中大師兄的拳術啟蒙，幸得師承金山派上壽子、王延年宗師門下，家師也是楊家秘傳太極拳第四代、旅台掌門，專精於內家拳術聲名遠播歐美。

早年在宗師教誨下深得秘傳內家拳術精華，對內臟運動、吐納導引，內外雙修拳術，與老子「無為」的生命本能修持，熱衷用功、深入內在意識、生性，知解人體健壽門徑，對組織細胞恢復生命本然理路深具心得；人體的生命本能道理古今中外皆然，以現代西方生理、解剖醫學、心理分析學，來綜述這武術秘傳身心運動，與先賢內修的意識虛淨、細胞本然恢復道理；如以人體動靜脈血液循環分佈比率，解說武術

的先天呼吸效應；組織體液擴散、恆定機制本然，知解內在修為、陰陽交互法門；或人體中生命元素、原子健結、分子轉化，蛋白質活性狀態，與細胞膜內外離子化通透等，知解內修生性的胎息時程，讓我們更瞭解這古來的性命雙修武學，自覺內修的衰退細胞恢復本然，是生命自然契機的根本，確認了老祖宗延年益壽、可貴的智慧經驗，也將是現代西方醫學上所沒有、珍貴的新課題。

秘傳——太極長生法門（一、二、三、四）系列，分為：入門、進階、性功運動，與了性了命修程四冊介紹，第一冊「入門」階段，丹田吐納、腹式呼吸進入內臟運動，介紹了秘傳內功根基的基本動作，也是常人內臟運動、健康招式；與周天循環、秘傳基本拳架教學。

第二冊「進階」楊家秘傳太極拳術第一、二段拳法教學，內在主導身肢運動、內家拳術養成，向神氣導引內修學習。

「性功運動」是第三冊，進入氣斂入骨、四海通暢修程，與楊家秘傳太極拳架，第三段前半段拳法教學；也是神氣周天、組織血氣活絡進程。

第四冊的「了性了命修程」，楊家秘傳太極拳架第三段後半段拳法教學，介紹了生命自覺與禪、道靜修接軌，全身血氣活洛向神氣長生狀態發展。

書中許多各種圖片攝影，由林月英同學協助規劃，前段各種內臟運動招式圖片，請林彩惠小姐幫忙

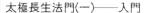

攝影，後段秘傳拳架招式，由姚培和同學協助攝影，以及陳榮瑞同學DVD錄影，用心製作，謝謝他（她）們的幫忙與協助，辛苦了！！

本系列太極長生法門四冊，以「知其所以然」的說法，詮釋太極武術內修全程，深及細胞衰退的復健、抗老化，是常人身心運動、生性健康的讀本，也是許多失落內功修為的太極拳習者，身心內修的原則解說；或有不周圓、誤植之處，還請海內外同好、太極先進指正與海涵。

趙憲民（字景仁　號天政）
楊家秘傳太極拳第五代弟子
道學　金山派第六代天字輩傳人

目　錄

1. 前　緣

1－1　楊家秘傳太極拳術的傳承

　　明末清初滿漢之爭，清兵入關建立王朝，崇尚武學統治中原之初；此時盛名遠播的楊家太極拳術，成為滿人王公貝勒、旗營武將追逐的武功，宮廷逼其傳授交出；奈因，與中原漢人武術的師承延傳習俗有異，楊家也不甘願將其拳術精華傳給異族；楊露禪師祖經思考再三，擬就了另一套拳術授之。在專政時代欺君是大罪，清朝又延續不衰，因恐滿人吃疑，只能繼續將秘招、內在功要穩忍不宣；對武林子弟後輩的傳授，只好仍以傳授滿人者傳之，楊家真傳自此隱而不為人知。

　　在家師的著作中記載，關於張欽霖師祖：『張師欽霖，道號無畏，河北邢臺人，生於一八八七年，父母早逝，家貧喜學武，十二歲即到健侯家當學徒，並學太極拳法。之後，又經由理教友人的推介，師承金丹派左一峰，學習吐納內功心法，在內力與拳術融彙貫通，武術更為精進。並述及一九一四年間，湖南名拳師萬某，經兩湖遍訪名師問藝，到了楊家挑釁武術，眾子弟茫然，張師毅然出而相對，並諾：如勝我，吾師自會相迎。甫一交手挫了對方後，健侯師（楊露禪之子）見張師年少氣勇，機智沈著

過人，知其愛師門之心誠表現，甚為看重，遂於深夜喚於密室中，將祖傳太極拳之秘式絕招全部授予。

一九二五年，張師祖定居在山西經商，於一九二九年中央舉辦國術會考於首都，由省、市推派徒手及器械各一人；張師祖輕取山西省徒手之冠代表，在當時首都的南京獲得全國徒手冠軍。師兄鄭曼青氏，即於此時，向張師學得推手，另有河北王善之、李雲龍、山西胡耀貞、劉志亮等諸位先後求教師門，亦僅學得推手，未能盡其所傳。』等載記卷中。

家師　王延年，祖籍山西‧太原，生於一九一四年，幼喜武學，對少林拳、形意、彈腿均勤於研習。一九三二年經形意拳的穆修易老師推介，拜師於山西省府任職的武術名師王新午之門下。一九四五年拜歸張師祖欽霖門下，得　張師祖的器重，傾囊傳授「楊家秘傳太極拳術」，隨著秘傳太極吐納、內功心法的進展，過往練拳之中的喘氣現象，竟霍然而癒。家師著作中又載：

『承　金丹派　張師伯茂林　道號無形之推介，拜歸其師弟，即張師欽霖門下學習拳術，承以楊家秘傳拳術相授，師嘗向延年謂：「學得此拳之奧秘者，僅汝師兄蘇起賡與汝二人，應多加珍惜。」師兄蘇起賡因參加太原保衛戰為國捐驅。』等云云之師門秘傳拳術傳承記述。

一九四九年　家師因公來台定居、兩岸隔絕，家師深覺中華武術文化之可貴與責任，須為保留楊家秘傳太極拳術的真髓，使得　祖師爺　楊露禪「楊無敵」之盛名功夫不致失傳，遂於臺北開始傳授秘傳拳術，與道家吐納、釋

道內功心法；本人經　天中師兄的拳招入門引領，復於圓山隨　王師修習內功與招式演化，並得機與　天臨師兄同時拜歸　王師門下，深知「楊家秘傳太極拳」的內家拳術精華，是楊家秘傳太極　第五代傳人，也是道學　金山派第六代　天字輩道修弟子。

楊家秘傳太極拳術歷代師承：

第一代　楊露禪祖師　　　　第二代　楊健侯祖師

第三代張欽霖師祖　　　　第四代王延年老師

1－2　古老的新問題

　　太極拳內家武功是一種古老的生命健康術。在武術中的代代延傳，或有師父留一手的傳承文化，能把這老祖宗的體用、內功拳術完整留傳，是少見的珍貴文化。

　　現今各門各派太極拳架甚多，好像都在體、用的拳架與推手上用功夫，很少能論及內臟全面運動，更過不到內在自律意識層面，或內修及於細胞覺性全面；尤其是楊家秘傳拳術運動的全程，都在生理學上內在體液功能、恒定機制提升的運動進程，經意識干擾、阻礙細胞功能活動的消除，使細胞生生不息的全面性活潑、人能長壽，就比較少看到了。

　　秘傳太極拳術的內外兼修過程，讓身心內部能夠全面性的運動，使體內細胞功能活潑的方法，應是現代人人需要重新認知的，能長壽的最佳運動方法。

　　大自然物競天擇的生態演化，人類能成為萬物之靈的過程，在原始生態初期的生存比賽，人類除了智慧之外，需要強身、求生技術與方法，應是人類的武術起始原因；人的身體在動物中不是最強大的，為了生存仿學了各種動物的優勢技擊技術，為了生存勝算的技擊養成，以逸待勞、四兩撥千斤要領，或以靜制動的內外雙修健身方法，這些源自人體功用本然衍生的功夫發展，是現今的太極拳術源傳。

　　依此推想這人體工學的武術功夫，幾可推前到與人類

同古始，與生命自然本能起源；太極拳術的內勁根基在人體內臟、功能組織肌群，須經人體內在自律功能運動養成，深入全身細胞、生命自主領域運動；應是現代人深入人體意識、生性本然功用運動的新技術。

所以，拳術運動的時候以「靜」為主，以身心意識自覺，直接在人體自律功能本然上做運動，深入細胞、生命層面修為；人的身心、生命道理古今皆然，秘傳太極拳術是生命本然的運動方法，內涵現代西洋生理、醫學範疇，論述及於人體生命元素與大宇間離子化互動；是實現人體生命健康技術的長生道理，這經過千古年代、先賢「臨床實驗」的健康武學，應是現代人健康、長壽運動不可不知的新問題。

1－3　認知太極拳運動

現在許多人都在打太極拳，對太極拳術的認知為武術？功夫？或運動？很多人的答案都不一樣；尤其各門各派各種拳架，許多人都在學、在運動，但若要請教其所以然來，可能都會說不很清楚，甚或停留在手腳動一動，「有運動」就好的心情中；如果人的身體、四肢健康現狀很好，但在內在器官、或功能組織，某小部分細胞依然在退化，人體還是不會長壽。

太極拳術是內家拳法，是身心整體性運動的方法，須進入內在自律活動的內臟組織肌群，經運動養成、內臟全面健康，內臟肌群勁道產生過程；在拳架內修運動中，是

內在意識自覺主導身體四肢運動，也是人體的身心同步運動、內外全面健康的方法；在武術上以內外兼修名之，達到內外勁道同步使控境界，有別於一般拳腳技擊武術，或功夫、體操表演活動；把太極內家拳術的身心全面性運動，從自律功能的內臟運動養成開始，將實際經驗、方法道理，以現代生理意識常識名詞，闡述人體隱在功能的運動要領，讓社會大眾從自身觀點出發，人人得到身心全面健康運動作貢獻，是秘傳──太極長生道系列著作的立義。

再看我們的周圍、各處公園中，都有許多群眾在打太極，各自群體不同拳架，觀其招式活動神態，都只在身體四肢活動，有如常人的體操運動，失去了身心內修、內外同步運動的內家拳術旨要；太極內功勁道，源自內臟平滑肌群運動養成，內在自律領域的運動、組織細胞生性活潑，是建構人體健康長壽的基石。

自我改造叢書系列，將楊家秘傳太極拳術作整體性的介紹，以較有系統的闡述身心全面運動過程，對各門各派太極拳習者，能有增強內在功力方向的指引；社會大眾平時的各種運動，若能加上這對內臟運動的要領，如把常時的散步、登山或慢跑運動，都能養成以腹式呼吸習慣，擴及內臟組織全面性運動配套，在身肢鬆放、腹部內臟主導全身運動，對身體自然趨向身心全面健康，向長壽路程進展；秘傳──太極長生法門系列，是習拳者的內功導引，更是社會大眾、老少需要的健康、長壽的運動知識。

2. 我們的身心組構

2-1 人體老化

　　人體是多細胞組織，始自單一細胞的生命本然分化，組構了全身器官、生成了人的身體；自然生命本能的常態，使人的出生都是純覺活潑、身心健康的寶寶，或許有萬分之幾的極少數基因誤植，或母體誤用藥物影響嬰兒健康的例外，幾乎全部嬰兒的出生都是健全的；人體在幼兒、少壯時期的健康狀態，氣血活絡、細胞功能活潑，是人體生命本能的展現，身心最健康的時段。

　　不同功能細胞，組構人體器官、各大小功能系統；大腦組織經神經系統快速的統合全身功用，如心血循環、消化、內分泌、生殖、免疫等系統，都在人體內在自主功能領域中；從生理學上理解到生命自主的本能，有自律性防禦功能、免疫體系，有自我恆定調控與整合機制，有自我復健、自我修復等功能，這些人體內在生命自律活動功用，都是細胞功能本然機制的表現。

　　人在幼年時期，覺性純真、活潑生命體，生理機能較少意識積存，全身筋骨脈絡柔軟，組織微循環活絡、細胞新陳代謝活潑；隨著年歲的成長、生活的壓力，或生理病變、身心蘊積意識，如人的喜怒哀樂情緒變動形成意識存

積，各種意識活動的相互干擾，意識阻礙血氣、組織脈絡僵化，是細胞活力減退、功能弱化的原因，使生理調和失衡、對抗外來壓力或病毒的能力消減。

新陳代謝功能的不張使細胞衰退，如某器官組織細胞量的減少，即細胞分裂減少、細胞死亡增加，而使細胞數量不足；再就存活細胞的功能減退，細胞大分子的DNA、RNA及蛋白質功能失調，或大分子訊息傳遞有誤，使生命本能發揮不出來；在生理學上，這些細胞功能衰退現象，就是人體老化、病變的原因。

隨著年歲的增加、意識蘊積，身心運動不足或外因病變，使細胞功能日漸減弱、人體傾向老化，自然啟動隱在生態制約的生命時鐘，是人的生命狀況變化常態。如何能使全身細胞功能不衰退、或病變根源復健，恢復人的自然生命力本能，是秘傳太極術運動過程的主題；經內臟意識自覺主導身心全面運動，意識虛化、組織微循環全面活絡，是細胞恢復生命力本然的門徑；只要身心功能維持活潑、先天壽限基因不啟動，甚或經意識虛淨內修過程，生物壽限使之自然消失。

2－2　健康所在

西洋生理學以人體中的物理、化學法則，主導探討人體的生理作用，對於人體各種生命力作用，只能知之而不論的以尚不明其生理機轉來帶過，人體中的生命本能活動還是在生理學立論之外；從生理學立論讓我們瞭解到，醫

學上對人體許多病變的用藥，或醫療方法都立基於物理、化學的平衡上。

　　人體細胞功能的健全創造了體內環境的恆定，是人體祛病、健康的根本，也是人體能長壽所在。身體某功能組織不張，源自組織細胞功用退化，使體內物理、化學失衡產生病變；西醫的許多調節體內各功能物理、化學平衡的藥物與醫療方法，只能使病變痛苦減輕、或治標性的消除病痛，還達不到病因消除的治本，因病變根源在功能組織的細胞衰退，細胞弱化的病根尚在；或許有人以為中藥有固本補營養的作用，但也需要消化組織細胞功能正常、能吸收。

　　現在的醫療、健康或營養資訊很發達，大家也都知道運動是人體健康的根本，許多人也都在努力的做運動；中外醫師都會告訴病患者需要那些營養素、食物或補品，或要患者多做運動如慢跑、登山游泳；但若運動不到內臟器官病徵所在、或病變組織細胞，還是不能達到醫生要求的復健目的，亦即得不到病徵組織細胞的康復。

　　許多身體四肢使控意識層面的運動，不能及於內臟衰退組織，若病根組織細胞得不到較好的新陳代謝，功能退化依舊、生命時鐘走動依然，雖然很努力或緊密的做身肢運動，其健康狀態仍在生物壽限中進展，這也是一般人對運動認知不足的常態。

　　人體病變在組織功能的不彰，某局部組織細胞衰退，細胞不能發揮其本能功用，如免疫細胞衰退，不能隨時消除突變細胞，使突變細胞無限制的複製、生長成不良組織

塊，其突變細胞侵入到周遭組織、干擾其功能，即惡性腫瘤的癌症病變；在醫學實驗室培養癌細胞時，如加氧氣時，癌細胞養不好；如果加上二氧化碳，癌細胞養得很好；這意味著，秘傳拳術的腹式呼吸，促進腹腔呼吸幫浦，心肺血液循環活絡全身效應，組織微循環、細胞間液的氧分子提升，直接控制了癌症細胞的活動。

秘傳拳術從內臟自律功用領域運動養成，大運動量提升的心血管循環，由組織微循環全面、從容的承受，全身組織血氣活絡、細胞代謝活潑，衰退細胞的復健、病變的根除，這細胞活力的維持、人體自然健康、神氣長生。

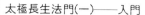 2-3 身心、意識一體

覺是人體細胞活性、生命力本然，體內兆計細胞，每個細胞都有覺性，只是細胞功能的不同，覺的活潑程度也不一樣；人體覺性在全身器官、內外組織之中無所不在，覺性串聯無形象、隱含於意識之中。

人體組織自細胞，內外功能組織細胞、或大小器官功能活動，生活緊張、身心互動積習成意識，人體意識蘊積在各功能組織中，組構了人的身心、內外意識體，也形成了人身中或隱或顯的大小意識活動；各種功能意識狀態源自其組織細胞覺性，這意識狀態也是生命活動的外在現象。

人的心理變化影響生理機轉，身心、功能意識活動，形成了人的各種意識現象；或體內功能隨著心理轉變，也

隱在了內在意識狀態；如人的生氣過程，先有隱含不合意、趨向「怒意」的內在，然後產生怒氣現象來；這內外意識轉化的例述，供習者反三認知。

又如憂慮或生氣的時候，體內血管緊縮、不耐煩甚或會暴跳，胃酸大量分泌、吃不下飯或胃痛，甚或有急性意識習慣的人，常有胃的病變現象；或如有喜、樂事的時候，讓人感動得流淚，或憂慮時的各種意識狀態，都是人的心理與生理同步互動的意識活動；這身心、意識一體的活動現象，是習者須先認知的根本道理。

人體真正健康在全身細胞，運動要及於細胞層面、生命的覺性，須從外在的使控意識、經內在層面，深入自律功能、隱在意識的靜澄，運動及於組織、微循環全面活絡，也是意根、覺性活絡領域；這些人的「功能、意識一體」內含知識，也是運動過程與解說的共同語言，如後附：「身心活動圖」一覽表。

2-4 覺與意識

人體意識活動，關係身心功能、內外層面，心理影響生理，心裡、意識的變化在左右人體功能動向，意識是生命覺性活動的現象，覺是細胞展現生命功用的本質，是意識的根源，所以，生命「覺性」功能展現的意識作用，在身心組織、各功能層面中無所不在；覺在意識之中，是意識的質，如「身心活動圖」的「覺在全身無所不在」。

在生理上，人體各大器官、功能系統活動，統合在大

腦中樞，經腦幹整合全身神經系統，快速統制各大小功能系統、內外意識活動；如遍佈全身神經元間訊息相互傳導，或刺激腺體的分泌、經血液循環，慢速的調節全身功能，如肌肉收縮、機轉功用的穩定等；腦中樞組織細胞，依生命本然現狀引發電氣訊號傳遞，經全身神經元統合全身組織細胞。

這腦組織統合中心，由腦幹整合全身周邊功能意識來講，通向顏面周邊，或經脊髓神經通路整合身軀周邊，全身周邊輸出、入的各神經分支端繁複，帶動身心內外意識領域或隱或顯的功能意識活動，為了方便身心全面運動解說，將意識體以內、外意識層面分述如後外，並參看後附補上的「身心活動圖」：

2-4-1 外在意識─人心：

腦中的思想、記憶心智，喜怒感情的意識現象，或顏面各種感官、不同神經意識，與人體四肢運動、行為活動或身體各種感知；這些都是人體自能使控展現，知情欲的行為活動，在生物層面，是生物個體對外求生功能；在生理層面，是人體周邊的體神經系統，使控人體運動骨骼肌群，也是人體使控的行為、意識活動範圍；是人體對外使控意識活動。

這些人體自我使控的神情意識、身心狀態，或大腦組織所發生的意識作用，是一搬人以為的「人心狀態」全部；實際上這些人心狀態都來自內心隱在意識體，只是人體意識的淺層現象而已；這些人們常時自我使控、對外意

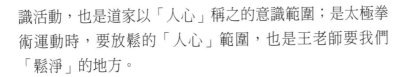

識活動，也是道家以「人心」稱之的意識範圍；是太極拳術運動時，要放鬆的「人心」範圍，也是王老師要我們「鬆淨」的地方。

2-4-2　內在意識—天心：

人體內在的循環、消化、抗病的免疫，或內分泌等內臟生理機能，在生物學上是人體對內求生功能、或是生命本然功用；生理學上是人體周邊自主神經系統，分有交感神經分支端、副交感神經分支端，與腸道神經分支端，是人體內在功能活動，都是自律性的隱在意識。

這些內在自律活動大領域，代表的內臟器官、生命自主功用，是人們不能隨意使控、不能感知，或部分微微覺知的內在意識深層，也是道家以「天心」分介的內在意識領域；再加上後層脊髓神經通路、統合的腦中樞深層，就是心理學家弗洛依德做心理分析的潛在意識層面；也是太極拳內修的自主功能領域。

平時我們可感知、可使控意識，是我們可以自由思想、運動的範圍；但是我們不能用這可感知、可使控的意識，去隨意指揮、支配身體內在自律功能意識活動；我們不能用意去指揮內臟活動或運動，如用意不能指使心臟跳慢一點！這內在自主功能大領域，只有細胞的「覺」能通行無阻；如何直接進入自律功能領域？與身心、細胞的全面運動，是本系列運動介紹的特色；即前小節解說的「身心、意識一體」，及下小節介紹的將「身心、內外意識」的意識自覺，進入組織細胞生命體運動。

2-5 「意識自覺」門徑

太極拳架運動，是體內自主活動的器官肌群，主導身體四肢骨骼肌群運動，達到全身內、外肌群勁道精純合一，內外勁道能夠使控自如使出的武術境界，所以拳術上以內外雙修名之。

人體內臟肌群、自主功能活動，是內在自律性隱在功能意識，從外在使控的身肢意識放鬆、意識自覺，歸在內在功能意識體自覺，經內臟自主功能意識漸進澄淨，內在功能顯知的歸向組織意識自覺，向細胞代謝深層進展；這一路意識自覺的歸在血氣活絡，細胞代謝活潑的修程，是本小節介紹的意識自覺內修門徑；開始意識自覺狀態的時候，已在王老師說的「周深無處不鬆淨」，向全身鬆淨如拳經的「沉重不浮，靜如山岳；周流不息，動若山河」之境界發展。

太極拳術內修，內在自律功能意識的認知不易，許多先賢的拳經都有獨到的論述，但是，有如常人看山，正看成峰側看成嶺的現象，對身心、意識起點不同，向內解說也會各異，容易讓後進習者對這古來，可貴的人體內臟運動知識，時常誤以「各說各話」認知，或選擇性接納與研讀；也是許多太極門派失落了內在修為，將重要的內修功夫失傳了。

作者從秘傳拳術內修啟示，歷經傳統修為、長期運動體悟，深知人的真正健康在全身細胞，運動須直接及於全

身細胞，改變細胞退化、恢復細胞本然功能。經對身心、意識體內外層面，與細胞覺性本然的認知，如只有「覺」能在自主功能意識領域，我們不能使控、指揮的意識體暢行無阻；經外在使控意識鬆放的自覺，歸在內臟、自律功能意識，與內在意識體的意識自覺，這身心、意識一體的意識自覺，直接在組織細胞層面運動，「意識自覺」是拳術內修門徑；下節丹田吐納的深長腹式呼吸入門，即「以心行氣」的心、意自覺開始。

這內、外意識的全面意識自覺，是內在功能活動、意識流相互干擾的靜澄，意識習慣的化解、覺性的活潑，各種蘊積意識阻礙的漸進消除；意識自覺開啟了內臟自律功能之門。經身心根本性自覺的在組織層面放鬆、運動，全身覺性串聯、覺性活潑是血氣活絡所在，是微循環活潑與細胞耗氧的方法。

如常時、運動之初，王老師都會提示：「兩眼平視」，或向前彎腰，要我們兩眼「向後平視」，眼球不動的平視，即腦意識自覺、全身自然鬆放；運動開始，將外在感知、向外的腦意識自覺，身體、四肢使控的骨骼肌群放鬆，手腳各意識全面自覺備動，配合內臟自覺主導腹式呼吸，與腰胯、小腹內在，主導雙腿陰陽互換運動的意識自覺，能使初習者從學習拳架之初，解開身心緊張常態，漸進消除意識習慣的筋骨、經絡僵化；經內臟自覺運動養成，各層面意識的鬆淨發展，與平滑肌群力勁產生，也是拳經的「後天之力化盡，先天之內勁自然增長」。內在鬆放的用覺主導身體內外運動的好效益，陳積在覺性中的意

識蘊積靜澄的進展，解除了意識習慣、意識澄淨，覺性靈敏、組織血氣活絡，細胞代謝活潑的運動效果。

　　將人的身心組構、生理、意識活動，人心、天心、細胞生性各層面，意識蘊積深淺狀態，與內外功能活動，以「身心活動圖」一覽如下表：

身心（意識一體）活動圖

《身、心》一體活動……（覺在全身中無所不在）↓		
《身》生理功能活動		生性功能
《心》意識活動		
↓↓…………意識蘊積狀態（深←淺）…………………		
↓	↓	↓ （覺）
人心─ 自我使控意識 意識淺層 （對外求生）	天心─ 生命自主意識活動 內在意識（潛在意識） （對內求生）	──覺性── （細胞生命力）
身體四肢對外活動─ 體神經分支─ （運動神經分支） 腦內知情欲，思慮意識	內臟器官自主功能活動─ 自律神經系統： 。交感神經分支 。副交感神經分支 。腸道神經分支） （腸道神經分支是進入消化、呼吸、泌尿與內在運動主要路徑。）	全身組織細胞活動 體液、內在環境 細胞新陳代謝
…………心血管循環………………		微循環
運動時：		
身心使控意識放鬆自覺	內在意識自覺	全身意識自覺
心性全面運動……………………………→健康		

　　意識自覺是進入內臟運動法門，能夠身心全面性、根本性的意識自覺養成運動習慣，在身心、意識自覺帶動內外全面運動下，這意識緊張習慣之處是血流不活潑所在，將不參與運動的內外大部份組織肌群，都根本性的自覺養鬆，使組織意識趨向自覺鬆放，是緊張習慣的改進、微循環血氣活絡，與細胞新陳代謝活潑的發展；這些意識自覺重複的解說，足夠大家理解意識自覺路徑。

　　從身心本然的意識自覺，全身內外同步運動開始，經內在意識主導身肢運動，內在功能意識的虛淨、內勁的養成，歸在心性全面運動修程，是人體趨向純覺活潑、身心健康的全程。

3. 丹田吐納內修

3-1 腹式呼吸—內修入門

人體不健康、身心病痛或各種宿疾的產生，源自體內某組織深層，器官功能不彰與衰退，緣於其組織細胞活動弱化；健康關係身心、內外各層面組織細胞代謝功能；運動須含蓋身體內臟器官、各自主功能組織，使身心全面運動及於細胞代謝活潑，人體才能得到真正的健康。

人體內臟、內在組織深層是自主神經活動領域，不是常時身體對外活動層面、周邊體神經帶動身體四肢運動能涵蓋的，常時人體運動對內臟只產生牽連性作用；要有方法、有要領，使自律性內臟器官直接運動，使這自主功能領域、人體不能自由使控的深層全面運動，亦即身心內外全面運動，達到心性全面健康。

人體深呼吸的活動功用，擴及人體內外兩層面，即周邊對外的體神經、使控的骨骼肌群活動，與腹腔內臟器官平滑肌等自律活動兩領域；腹部呼吸作用關係腹腔的內臟運動，其深長的吐納、橫膈膜伸縮關係內臟全面運動，更關係到腹腔中大量靜脈血液壓縮回流心臟，心肺的直接運動，與促進心血循環活絡全身組織；所以，腹部深長呼吸養成，是古來武術家內功修為的要門；內臟全面運動是常

人健康、療疾，及於心性長春的門鎖。

　　人體的肺部呼吸是出生後才開始的方法，古時候也稱為「後天吐納法」；新生兒胸腔內外組織活動新開張、較生疏，如內外肋間肌肉活動、肺臟各組織活動張力尚生嫩，先以橫膈膜向腹腔擴張活動為主，肺腔擴張活動為輔；是在胎中臍帶連接胎盤的血液循環，慣用腹腔橫膈膜活動接送使然。因而，道家把腹式呼吸稱為「先天吐納法」以識別之。

　　幼童時期的腹式呼吸，隨著出生後的上身向外活動，與胸腔內外組織功能成熟，向外運動量加大使然，隨之上移胸腔擴張呼吸習慣，即成人以胸腔內外肋間肌、三角肌擴張活動為主，在大量運動時、或有腹腔擴張為輔的現象；經常以胸部擴張呼吸數拾年的習慣，再改以腹式呼吸法會不習慣或頓感困難，還須經過較長時間的重新學習或練習養成。

　　肺臟呼吸活動的生理領域，在常時平靜狀態是自主性呼吸；若較激烈運動時，隨著組織耗氧功能的反射，以較深長的呼吸活動來增加肺通氣量，形成氣體代謝的恒定機轉；或能以自我意識使控做深長的呼吸動作，擴及內臟自主領域的活動。

　　在學習制約的，培養緩慢、深長腹部呼吸過程，已引動腹腔各項生理連串效應，人體已在療疾強身的長壽運動根基上；所以，將腹式呼吸作用的丹田吐納生理機轉，在本章以專章解說，讓習者對後面章節的內修、運動說明更能掌握，以呼吸帶動自律內臟運動，與神經、血氣活絡全

身的道理。

在呼吸功能上，身體中氧分子的需求，是由呼吸系統將空氣從外界攜帶入體內，經肺泡的通透功能，將空氣中的氧分子摘取進微血管中，經循環系統將氧分子輸送分佈全身各處體液中，供應體內細胞代謝使用；細胞耗氧所產生的二氧化碳分子，又經循環系統帶回肺部排放體外。

3－2 呼吸原理

大自然中空氣以氣壓高、低對流方式在流通，人體的呼吸過程也是順應這大氣流活動，體外大氣壓力與體內的壓力差，形成肺部與體外空氣交流的呼吸作用。進入肺泡中的空氣與肺微血管的血液之間，在肺泡中進行氧分子、二氧化碳分子的擴散作用進出交換，即肺泡空氣中高氧分子，向肺微血管低氧血液中擴散，與肺微血管中的高二氧化碳分子，擴散進入肺泡排出；氧與二氧化碳分子復以大氣壓對流方式，在肺循環與體循環中運送；到組織微循環與組織間液中供細胞新陳代謝，微血管與體液間的擴散交換；將細胞耗氧所產生的二氧化碳再經循環系統送回肺部排出體外，都是大氣壓對流本然狀態。

3－3 自然呼吸

自然空氣的高、低氣壓流動，以海平面大氣壓力760mmHg為基準；人體呼吸活動是體外與肺泡間的氣壓

差形成,呼吸作用是改變肺部的容積,形成肺間壓的高與低,經呼吸道與外界氣壓產生壓差的對流。

　　人在平靜狀態的呼吸,呼氣終了尚未吸氣之前,肺部的肺泡壓與外在的大氣壓相等;胸腔的吸氣肌群收縮,使胸腔內空間擴大,肺泡壓下降約4mmHg,外界空氣自然而然的經由呼吸道進入肺部的肺泡中,形成吸氣狀態;緊縮的吸氣肌群回彈的鬆弛,形成呼氣狀態,是人體在平靜中的呼吸現象,也稱為自然呼吸。

　　這呼氣後,與吸氣前的中間時段,肺泡中仍有空氣,讓血液與氧分子、二氧化碳的擴散作用不間斷;因肋膜囊的胸腔內壓低於大氣壓4mmHg,這個肺間壓會使得肺泡維持張開的狀態,保持肺部的基本容積不變;亦即受此兩股相等力量,方向相反的作用,產生的穩定作用。

　　當在運動時,隨著身體組織的耗氧功能反射,胸腔壁上的肋間肌與下方橫隔肌等呼吸肌群,依需要而參與收縮與舒張,改變胸腔的大小、肺間壓的變化,使得肺臟中氣壓與外界氣壓的高低互動,產生較大量的氣體對流交換之呼與吸的作用。

3-4　人體耗氧與代謝功能

　　氧分子從肺泡中的氣體,擴散穿越肺泡膜進入肺微血管中,經血液攜帶到全身組織,由組織微循環進入細胞外液;細胞以胞膜通透功能使氧分子進入細胞內液與耗用。細胞代謝的二氧化碳分子,則循相反方向進行排出,形成

人體新陳代謝循環活動。

　　整個氣體分子的新陳代謝過程，都在氣體進出等量的穩定狀態中進行；在同時間中體內組織細胞的耗氧總量，與肺泡擴散進入血液中的氧分子量相等；同樣情形的穩定狀態，體內組織細胞產生的二氧化碳分子排放入微循環的數量，也與肺部微血管的血液中離開的二氧化碳分子，經肺泡等量的排出體外。

　　人體無時無刻都須從大氣中取得氧，依每一時間體內「肺通氣量」的生理反應，做為呼吸活動需求的配合。在生理學上說，如以人體在平靜狀態的呼吸量，每分鐘的氣體交換量以平均0.8比，體細胞耗氧量是250毫升，二氧化碳的產生量為200毫升；以肺泡通氣量的4000毫升×新鮮空氣的氧含量21％時，到達肺泡區的氧總量為840毫升；這840毫升的氧量中，只有250毫升的氧，通透進入肺微血管，多餘590毫升的氧，則被再呼出體外。國外有新鮮空氣罐頭出售，是噱頭不是賣點、對常人毫無用處；到空氣新鮮的地方有運動、耗氧才是正確觀念，如在山林間沒有運動、耗氧，吸入的新鮮空氣還是吐出，還給大自然。

　　健康人在平靜時，肺部活動的肺循環壓力很低，肺部有許多微血管呈現了層次性的封閉狀態；運動開始的時候，隨著運動量增加，肺部血液循環壓力的上升，依序漸次衝開了封閉的微血管量，加入氣體交換功能的行列。人體若在瞬間的急速運動時，組織的耗氧量增多、二氧化碳的代謝量加大，即與呼吸系統氧的擷取量、二氧化碳的排除量都不同量時，這不平衡狀態的連貫生理反應，如急速

的呼吸反應與自動地促成肺及組織中擴散壓差的改變，在短時間內重新恢復等量的新平衡點，恢復新的穩定狀態。

這平時較慢速度運動的時候，養成深且長的腹部呼吸習慣，進入下面章節內臟全面運動的耗氧，或身心全面重力運動的高耗量時，就能維持更有效的呼吸功用；這深長腹腔呼吸、與內臟肌群運動的同步修習，是立基於呼吸量與代謝耗氧的自然機制上，也是身心本能的太極內修。

3-5　體內相對作用力

我們的身體內在，許多隱、顯的相對功能活動，在全身組織每地方，如血氣對流、神經激素相對作用；較明顯的如運送二氧化碳為主的靜脈血氣，與含氧血氣的動脈系統，兩種大大小小的血管，遍佈全身組織的相對流動；或隱在的，主導全身相對活動的大小神經，有中樞神經與周邊各神經分支的出入相對活動，或交感、副交感神經纖維的相對作用，或淋巴、激素作用等；都在體內各器官、功能組織微循環，與體液之間錯綜複雜的相對活動；神氣帶動血氣的相對流通，形成了體內相對作用力。

這生理上的血氣對流，也在我們人體運動中發生相對作用力，如當我們的身體向下彎腰的時候，體內會有一股向上的反作用力存在，運動的舉手投足間，都有反方向的作用力，甚或在心理層面的意識活動，都一樣有反作用的相對力道存在，這是人體中身心功能自然平衡機制；我們要養成緩慢深長腹腔呼吸的時候，會有另一股相反拉力存

在，不容易徹底做到深、長的呼或吸的活動；這人體內在相對作用力，可能是老祖宗發明太極拳依據。

內在自律功能運動，相對作用力的隱在，須以前述的意識自覺要領，慢慢養成克服；許多身心功能道理是習者認知的信心根源，需要有恒心、毅力是內家拳術的要件；在以降相關章節各種姿勢運動時，會依隨運動深度進展需要再做說明。

3-6 認知肺呼吸量能

如依生理學上說的，人體肺臟總容量若以5500毫升的值來講，肺部各種呼吸活動，將產生不同的呼吸量能關係。

人體在平靜狀態的自然呼吸量約為500毫升，這「自然呼吸」是吸入空氣量與呼出量約略相等，此時肺內留有「肺功能餘量」2500毫升的空氣；肺部容量尚能容許「吸氣擴大領域」約2500毫升的量。常時的自然呼吸是吸入500毫升，加入肺中「功能餘量」相互混合後，又呼出500毫升的狀態。

人體做深呼吸的時候，是自然呼吸容量500毫升，吸氣時向「吸氣擴大領域」2500毫升擴展，其最大量、深吸氣量可達自然呼吸量的六倍；若再以腹式緩慢深長呼出量活動進行，用覺導引內臟壓縮呼出更多氣體，把原維持在肺內的「功能餘量」吐出一部份，約可吐出1500毫升的「呼氣擴大領域」量，此時肺部內只保持有約1000毫升的

肺餘量，這腹式深長呼吸法的呼吸擴大量約4500毫升，是
生理學上的肺活量，也是後面要養成的先天呼吸法的深長
呼吸量。

　　茲將前述各種呼吸法的量能以表列方式如下參考：

　色標：黃色：留於肺部中的空氣量。
　　　　綠色：呼吸空氣量。

```
            | ⋯⋯⋯⋯→ 肺總容量：5500ml ←⋯⋯⋯ |
呼吸量能／  | 1   5   10   15   20   25   30   35   40   45   50   55 |

自然呼吸：  | ← 2500ml → | ← 500 → | ⋯⋯ 2500 ⋯⋯ |
（平靜狀態）    肺功能餘量        呼吸量      吸氣擴大領域

深 呼 吸：  | ←1000→ | ←1500→ | → ⋯⋯ 3000ml ⋯⋯ ← |
              肺餘   呼氣擴大領域        呼吸空氣量

先天呼吸：  | ←1000→ | ←———— 4500ml ————→ |
（吸滿氣）      肺餘   先天呼吸量（緩慢、深長呼吸擴展領域；肺活量。）
```

　　　（引述自我的著作《腹式呼吸健康法》）

　　內臟全面運動的腹式呼吸法，配合運動方式以自覺導
引橫膈膜、腹腔內臟肌群，做緩慢、深長的腹腔呼吸活
動，達到肺部大呼吸量與肺功能運動，直接牽引內臟全面
運動，與內臟肌群主導全身運動，及身肢、單腿的重力運
動發展，產生大運動量、耗氧的代謝效應；長期以腹式深
長呼吸養成，進而習慣的擴及常時作息活動，都能以深

長緩慢的腹式呼吸，形成腹腔中大量靜脈血液的呼吸泵作用，靜脈血液快速回流心臟，心血循環自然比常人活絡，心肺功能順暢、體能勝人一等。

另就生理學者的資料顯示，支氣管空間系純傳導呼吸氣，其容積約有150毫升是呼吸無效腔，須從每次呼吸量中扣除之；血液與空氣交換點在肺泡，吸入的空氣量扣除呼吸道內的無效容積後，才是肺泡的通氣量；增加肺泡通氣量的不二法門是以深長的腹式呼吸養成。

又如人體在用意、用覺吸氣到飽滿後，第一秒鐘用力快速的呼出氣體量，大約可呼出「肺活量」的80%，約為$4500 \times 80\% = 3600$毫升；大氣中氣體主要有「氮氣」約79%，「氧氣」約21%，另有非常少量的水氣、二氧化碳、惰性氣體；這個別氣體壓力的分壓總和，即是大氣壓力；這些都是內臟運動養成，或武術家內功吐納，須瞭解的重要知識材料。

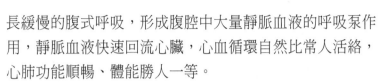

3－7 丹田吐納法

人體呼吸作用的活動肌群，在深呼吸的時候，大部份人是在胸部內、外肋間肌、上方的三角肌收縮形成，或有下方橫膈肌收縮參與形成；因每人的呼吸習慣不同，深呼吸肌群參與程度也各異。

深呼吸的一般狀態，當吸氣時胸部外肋間肌、三角肌的收縮，使胸廓向外與向上擴張，及橫膈膜收縮往腹腔方向下降，增加了胸腔內較大空間；平衡狀態的肋膜內壓往

更負的方向改變，肺間壓因而增加了，肺臟也被動的作同等程度的擴大；此時所有的肺泡增加了容積，肺泡壓小於外面大氣壓，氣流經呼吸道大量吸入肺泡，空氣填滿了肺泡擴大容積的部分，到肺泡壓與大氣壓相等的進氣過程。

吸氣終止時，控制吸氣肌群的運動神經停止放電，與配合的橫膈膜自律神經鬆放、回凸向胸腔，吸氣肌群開始鬆弛與內肋間肌的收縮，胸腔向內彈回到原先呼氣的位置；此時，肋膜內壓回復沒那麼負（─4mmHg），肺間壓降低，肺臟回縮為原來大小；肺臟空間變小與肺泡中的空氣受到壓迫，肺泡壓大於大氣壓、空氣自然呼出；這生理學上深呼吸機制是古來武術家的內功，丹田吐納引領內臟運動的人體本能根據。

下節開始要習者練習改以丹田吐納養成，先自我改變呼吸習慣趨向腹腔活動的呼吸方法，安排了靜態的練習方法；進而以彎腰加深腹部呼吸方法，與動態耗氧的練習進階；這些腹部呼吸練習要領，悉依身體功能本然漸進培養，其過程中已開始促進心血循環，與心肺等內臟功能運動，若有相關功能病變開始療效作用；再進入內在意覺主導身心運動的基礎養成。

3－7－1　靜態的練習方法

飯後一個半小時內不宜運動之外，其他時間的居家休閒或坐車等飛機時，以坐姿或站姿都可以隨時練習，讓呼吸活動趨向腹腔活動呼吸；首先將身心內外全面放鬆之後，順著自然呼吸胸腔起伏的感知，先感覺一下常時不留

意的胸腔自然呼吸活動，這種感覺對轉移下面丹田活動的練習有助益。

　　然後將感覺移向腹腔中，外在使控意識放鬆、不用力（以下同），在腹腔內在肌群意識自覺的，或用覺的呼吸活動（以下同），吸氣時，胸腔放鬆、以直覺導引橫隔膜凹向腹腔，用覺導引吸氣向腹腔中，就像肺腔不存在，用肚子在吸氣似的，緩慢的把肚子吸滿了氣，是橫隔膜緊縮擴向下腹方向的吸氣練習；然後將吸飽氣的腹腔慢慢放鬆，即橫隔膜鬆放彈回凸向胸腔狀態，氣就自然而然的呼出；這樣反覆的感覺練習開始，一天中每時刻想到就可以練習；使原習慣於胸部起伏的自然呼吸活動，改為趨向腹部起伏的自然呼吸活動的練習；到感覺上以腹腔自然呼吸活動也很平順時，此時的腹式呼吸還不深、腹腔壓縮的動比較被動；若習者平時已有腹部呼吸習慣，此段練習可省略，就進行下階段。

　　同樣在胸腔肋間肌群鬆放下，由小腹外部能使控的肌群與小腹腔內臟平滑肌收縮，協助橫膈膜鬆放凸向胸腔的呼氣，進而將收縮的小腹肌群鬆放，與橫膈膜自覺縮向腹腔的吸氣練習。

　　練習開始先呼出一口氣，肛門附近外在肌群自覺、鬆放，內在肌群意識自覺用點力的上提向腹腔，小腹皮膚內凹收縮、配合橫膈膜鬆放凸向胸腔的呼出氣，小腹內外肌群都意識自覺狀態；然後將先前提肛緊縮的肌群、小腹肌群都鬆放，胸腔自然納氣的隨著下腹鬆放，與橫膈膜自覺向下活動本然的吸氣向腹腔擴展，使肺腔較大幅的擴向腹

腔的吸氣活動練習，以感覺使小腹吸飽為止的吸氣量提升。

接著呼氣時，小腹內臟肌群慢慢緊縮，隨橫膈膜鬆放凸向胸腔的呼出空氣，將要呼完氣時會陰穴意識自覺的用點力，向上方腹腔內縮（亦即前面俗稱的提肛），增長呼出量的呼氣練習，就這樣一呼一吸的練習；位於人體兩陰中間點的會陰穴，也稱海底穴是道家內修的生化門。

身體靜態練習腹式呼吸，任何坐姿都可以，甚或看電視的廣告時間，只要身體舒服自在，以閉目、或開眼自覺感知練習都可以，全身鬆放自覺的，於腹腔活動的呼吸養成；要領在於常時胸部起伏的習慣，改變為腹部起伏活動的習慣，胸部不動的、以橫膈膜自覺導引收縮向腹腔擴張吸氣，與小腹內外肌群同步配合收縮活動的呼氣；呼、吸氣的長短一致進出細長均勻，每天最少練習兩次以上，每次至少十分鐘，身體靜態較能直覺的感知腹腔中活動，練習時間以「腹式呼吸能順暢自如」，再進入下節的彎腰加深練習。

3－7－2 彎腰加深呼吸的練習

在靜態下，以自然呼吸轉移為腹式呼吸活動較容易，靜態中用腹式呼吸已能順暢自如時，開始以身體彎腰的機械作用加深腹腔呼吸練習；腹部內臟活動涉及自律功能，須以丹田肌群意識自覺的鬆縮加長，與緩慢動作養成，提升運動、耗氧的生理反應，順勢加深呼吸練習為佳；其呼吸深度進展，如向前彎腰或腰身半坐、收尾閭的腹腔壓縮

加深呼出練習，向肺腔「呼氣擴大領域」的1500毫升範圍擴大呼出量養成（如38頁呼吸量能表，以下同。）；及配合身體緩慢起直的加深吸氣練習，吸氣量趨向「吸氣擴大領域」2500毫升範圍增長吸氣量的養成。收尾閭是脊椎骨最下三節尾骨向前勾，使尾閭脊髓中正、薦部神經上通順暢，也是脊骨尾閭內含，鬆腰、坐胯的基礎。

依下面腰身半坐與彎腰的動作順序，配合呼吸要領同步進行，動作越緩慢越好，與呼吸氣均勻細長的配合養成；但是，此時習者的呼吸氣還很淺短，無法同步配合緩慢動作；如向前彎腰與呼氣，上身緩慢前彎，腰還未彎到底、腹腔中的空氣已呼完時，體內自律功能的生理機轉已產生「吸氣」指令反應，此時若不順勢吸氣就須違反身心本能的「閉氣」，這時候的要領是順勢依反映本然的「吸些許氣」，來緩和內在自律功能反應壓力，進而繼續呼氣的做法，即是：一小吸、一大呼、一小吸、一大呼的將向前彎腰－彎到底！練習久了自然而然的加深呼氣功用。反之，彎腰起直的吸氣，腰身尚未起直已吸飽，也是：一小呼、一大吸、一小呼、一大吸的配合起直動作，還有橫膈膜自覺導引的擴大吸氣量在後；這方法是深長呼吸養成的要領，在其他動作、招勢活動都適用。

隨著後面安排的進程，習者會漸進養成腹部深長呼吸習慣，在後面重力運動與耗氧的生理自律反射，體內也會本然反射的加深呼吸機轉、消除練習壓力；不但達到很深長的均勻呼吸，並反以深長呼吸來養成更緩慢、重力的運動。

接下來的身體彎腰、半坐的緩慢活動，加重運動量與耗氧的機轉反射，來練習加深腹部呼吸，進程說明順序如下圖解：

3-7-2-1：站姿：

身體立姿開始，兩腿宜直、腳尖朝內併攏，兩眼平視、上身中正鬆放的立姿不動；（圖1）

先呼出一口氣：雙腿下坐、海底穴上提，縮小腹的呼出一口氣。（圖2）

3-7-2-2：兩腿分開　站姿　吸氣：

然後海底穴、小腹鬆放納氣的同時，身體重心移向右腿、左腳向左橫跨一步，腳尖朝內，兩腳間距與肩同寬的立姿，重心移回兩腿間，兩手掌心向後，隨著動作進行緩慢吸氣向腹腔進展；此時，肩膀、脖子、身腰都在鬆放自覺狀態下，接著以橫膈膜自覺擴向小腹，胸腔向腹部擴展的本然加深了吸氣量。（如圖3）：

圖1　　　　　圖2　　　　　圖3

3-7-2-3：半坐式　呼氣：

接下來呼氣，彎膝半坐、上身
不動的隨腰下坐同時收尾閭，與小
腹內臟自覺緊縮的緩慢呼出空氣；
進而海底穴上提、隨腹腔器官肌群
收縮，與橫膈膜鬆放的凸向胸腔，
加深呼出較大量空氣。（圖4）

3-7-2-4：吸氣如3-7-2-2回復：

兩腿分開站姿，緩慢起身站
直、放鬆小腹，海底穴的順勢納氣
同時，在身心內外全面鬆放，肩
膀、脖子、腦意識都放鬆下，緩慢
的納氣向腹腔進展；隨著以橫膈膜
自覺擴向小腹加深腹部吸氣量。
（圖5）

3-7-2-5：向前彎腰式
呼氣：

上身開始向前緩慢彎腰同時呼
氣，兩腿宜直的儘量向下彎腰，身
體前彎向下壓力大量呼出空氣；頭
下垂兩眼自腿間後視，雙手下垂指
尖著地；並以收尾閭、提海底穴、
小腹收縮加深呼氣。（圖6）

圖4

圖5

圖6

3-7-2-6：彎腰起直　吸氣

如3-7-2-2：

隨後上身緩慢起直、同步納氣向小腹與身體重心下降雙腳掌；身體起直時，頭部慢慢的抬起，兩眼向前方平視，在全身內外全面鬆放下，以橫膈膜自覺擴向小腹加深腹部吸氣量如3-7-2-2。（圖7）

圖7

接下來重複：

然後：3-7-2-3　腰身半坐、呼氣；（圖8）

　　　3-7-2-4　起直、吸氣；（圖9）

　　　3-7-2-5　向前彎腰、呼氣；（圖10）

　　　3-7-2-6　起直、吸氣：（圖11）

這幾個動作重複做六次以上；每天早晚各練習一次最佳。

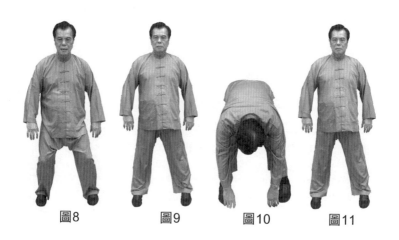

圖8　　　　　圖9　　　　　圖10　　　　　圖11

3－7－2－7：「收勢」：

繼前接3－7－2－6彎腰起直、腰身半坐呼氣姿勢，腰身上浮微直吸氣同時，重心移向右腿、左腳收回向右腳靠攏站直吸氣再呼出氣。（圖12～圖15）

圖12　　　　　　圖13

完成彎腰半坐加深腹部呼吸的練習。

圖14　　　　　　圖15

在生理學上的記錄資料，人體靜態的血液流動量分佈，動脈中的血液流量還不到15％，靜脈中的60％大部分滯留於腹腔中組織；這腹式呼吸在腹腔中形成呼吸泵作用，加深呼氣的腹腔緊縮直接將靜脈血液快速擠壓回流心臟，促使心肺運動、血液循環流暢全身外，吸氣的全身內外組織、小動脈鬆放，各器官、組織代謝自然加速，微循環血氣活絡；這腹部呼吸練習的轉變，進而加深養成，直接促進全身組織全面血氣活絡，已啟動了健康、療疾的生機功用；若習者有心血循環相關功能退化，或有病變都會很快見到改善功效。

3-7-3　動態練習進階

深且慢的腹式呼吸習慣增加肺泡通氣量，是身心功能復健與養生的要訣所在；人體動態耗氧的生理反應，經由反射作用增加呼吸深度，是本節以身體擺動練習深長腹式呼吸的安排主旨。經靜態彎腰的加深呼吸練習，配合彎腰活動的呼吸要領熟悉後，再進階這動態練習較能順勢；因為身體一擺動轉移注意力，容易忽略腹部呼吸活動細節，或分心使腹式呼吸練習效益打了折。

擺動練習時，腹腔呼吸活動狀態、要領與前節相同，隨著身體動態增加耗氧的生理反應，呼吸氣活動本然能夠順勢深入，練習細節徹底時也較有深度感。

開始擺動身體動作之前，腳間朝內立正、上身中正的站著，上身不動的先微坐腰、彎膝的呼出一口氣，要領如前（3-7-2-1）（圖1、圖2）；然後站直吸氣、同時左

腳向左跨一步，腳尖朝內、兩腳間距與肩同寬的吸滿氣（3－7－2－2），開始擺動的活動方式如下。

　　兩腳掌全面著地、身體內外都鬆放，用小腹內外肌群、腰部主導，雙腿、膝部彎曲的上下起伏緩慢活動。（圖16～圖17）

圖16　　　　　　　圖17

　　上身維持中正的隨腰膝上下起伏運動下，雙臂隨著腰身起伏，一起向前擺動90度與向後擺動45度；雙膝彎下、起直的上下活動與雙手擺動，都隨身體起伏的本然節奏互動；腰腿主導全身起伏，務須上身中正放鬆，兩肩膀、脖子、腦意識自覺鬆放，雙臂前後的擺動是不用力的自覺，隨腰身起伏的動，腰部內外自覺的全面做腹式深長呼吸，氣存丹田活動練習。

　　擺動要義在輔助腹腔呼吸活動與耗氧，須內在自覺貫注於腹部肌群鬆與縮的呼吸活動中，身肢規律化的擺動重

心下移兩腳掌著地處；以六個彎膝起伏為呼氣長度、六個彎膝起伏為吸氣長度的開始練習；隨後腹部呼吸深度進展，而七起伏、八起伏、或更多起伏的漸進延長呼氣、與吸氣練習，每天練習一次以上、每次至少十分鐘最佳；結束時如前以吸氣同時收回左腿，兩腿腳尖併攏吐氣做為收式。

4. 內臟各功能運動式

4-1 人體最佳的生機運動

　　一般人觀念常將身體、四肢運動或體操，認知為人體健康運動，若內臟功能組織沒能夠全面性運動，部份功能細胞在退化中，組織減弱、不彰的老化，或弱勢功能產生病變；因為前面的「運動」效益，沒有涵蓋到身體內在生理的全面性，何況還有心理層面的意識問題須化解，才能達到身心全面健康；有「健全人」的健康、長壽根基。

　　細胞功能變化是人體健康，或老化、病變的根源；人體隨著年歲增長、細胞趨向衰退，各種組織功能減弱產生病變時，都會去醫院、給醫生看診，瞭解病症是正確的做法，也是常態，但是許多人經醫生診斷、開藥方，吃了藥就放心或了事也是常情；問題在後面這常情的認知上，一般醫療藥品對病症的療效，偏重於生理學的物理、化學平衡基調上，使體內物理、化學不平衡的病變，得到平衡、症狀緩和的治標性；或病根組織尚未恢復，細胞衰退、老化依然，也是一般人的常態。

　　人體功能衰退的復健、病根的醫療，在於身心、內外組織能夠全面運動，常人都因內臟器官、功能組織的運動不足，使內在組織細胞功能衰退，是病變的主因，如免疫

組織的細胞衰退、免疫功能的不彰，身體沒有抗病能力、容易病毒感染或病變產生；人體內在各功能病變都源自內臟組織細胞的退化；如何能夠使全身組織細胞代謝活潑，衰退的細胞功能逐漸的恢復生命本能，是內臟全面運動的主題。

內臟自律性器官的運動養成，須在身心全面鬆放的同時，依照設計的運動方式在身姿、體勢緩慢變換，各部位筋骨、關節肌群的鬆放，與大小神經、脈絡的拉長，提升運動量與耗氧；經腹部內外肌群的呼氣緊縮、吸氣鬆放形成的內在運動，腹部內臟肌群的呼氣緊縮，帶動腹腔靜脈中大量血液回流心臟，形成心血循環全身的作用，及吸氣的身心鬆放、組織血氣全面活絡，全身細胞新陳代謝活潑。

這直接促進大量靜脈中血液回流，是人體最佳的運動生機效應，同步促進各內臟運動外，每日運動、心血活絡進展，若有病變組織直接得到血氣活絡、細胞恢復活潑，是多種功能病變或體弱多病者，最直接健康的運動方法；能直接由組織微循環活絡、細胞新陳代謝活潑的運動，是人體細胞復健、老化功能恢復的運動，也是常人抗老化、身心功能維持活潑的方法。

內臟運動關係人體內在自律功能領域；前章習者已練習了腹部呼吸、與小腹內臟自律性平滑肌群的運動養成，本章進一步的藉身軀機械性運動配合腹式深長呼吸活動，使內臟各器官自律肌群本然的擴大運動量與耗氧。

上身胸腔全面放鬆之下，以腹部緩慢深長呼吸為主，

在腰部主導身肢緩慢動作的運動配合，漸漸使呼氣、吸氣同等深長延伸向臍下的下丹田作為換氣點，拳經說「用意不用力的使之深長呼吸」，此時的「意」是內臟意識的意、覺，不用力是體神經系使控的「力」，忌以常時隨意使控的用意、用力；亦即使控意識不用意、不用力，意識自覺的、用點內勁，使之深長延伸向臍下的下丹田。依前章的呼吸法量能表，呼氣時向「呼氣擴大領域」、吸氣時向「吸氣擴大領域」擴充練習，向先天呼吸量加深養成，忌諱閉氣或用力的勉強呼氣或吸氣；須在身心本然機轉中漸進的培養。

安排了漸進式的各內臟運動練習方法，悉依呼吸解說、體姿運動次序，由淺而深的呼吸活動、輕而重的運動量與耗氧進階；身體中未參與運動的肌群、組織全面放鬆，組織小動脈的鬆開承接前項心肺循環機轉的大量血液，形成組織微循環血氣大活絡。

下面前段（4－2～4－4節）是靜態站姿的運動，三種體姿運動方式逐序練習熟悉後，腹式呼吸與動作運動已能配合自如，下身腰腿力勁漸增、自覺站立平穩後，進而三式一次串連練習延長運動時間，體姿下彎程度加深、腹式呼吸擴向先天吐納量進步，深長呼吸配合緩慢動作同步順暢後；再進階後段（4－5～4－7）的單腿加重運動、雙腿動態陰陽交互的重力運動，形成運動量大增、體內組織耗氧量也同步提升的效益；趨向深長呼吸量與高耗氧量的恒定狀態進展，是人體最佳的生機運動效果；這高效益運動生機發展，使許多功能病症者，隨即見到自身運動健康發

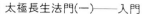

展。

腹部呼吸配合身肢動作運動,使之深入內臟運動是依身心本然安排的進程,習者只須依照解說要領循序漸進,可無師自通的使自身內外得到運動;各招式都有突顯器官部位運動的健康功效。

4-2　內臟運動練習式

本式分為向前、向左、向右彎腰與上身半坐勢組合,藉身體機械活動加深腹部呼吸,與運動耗氧提升生機效益;向前彎腰與前章「彎腰加深呼吸」的練習相同,不同的是腹部呼吸加深、肌群活動加強;這些招式直接對腎臟按摩、腎功能加強外,腹部各器官組織肌群的伸,直接促進消化、脾肝等各消化功能提升,腹部的緊縮擴向內臟全面,內在帶動全身心血循環,也是腰腿間筋骨肌肉的運動;最重要在彎腰向下時雙腿宜鬆直,即身體向下全彎時兩膝蓋骨臼維持在活動狀態;除了參與運動的身體部位外,其他全身大部份組織都須鬆放,意識也放鬆、把心放下;這不參與運動的組織、部位鬆放是其組織微循環血氣活絡的要門;身體重量落實在腳掌全面貼地處,雙腿儘量趨向鬆放、意識自覺活動之,不使緊張用力影響腿部肌肉緊縮、影響組織血氣流暢,這些身心調整要領也是其他各式運動所必須的要訣。

彎腰之後上身起立時,頭部應待全身起直後再慢慢的抬起,否則有高血壓的人,容易有頭暈的感覺須留意。進

行順序先向前彎腰，再向左、向右彎腰各配以半坐勢的運動，是呼吸帶動內臟運動的養成：

4－2－1 向前彎腰、半坐勢：

4－2－1－1：

自然站立兩腳尖併攏，上身中正直立、兩眼平視；雙腿稍微下坐，先呼一口氣。（圖18）

（**呼氣**—先呼一口氣時肛門向上提，腹部器官肌群隨著收縮，儘量靠向『呼氣擴大量領域』呼出）

圖18

4－2－1－2：

吸氣同時，全身重心移向右腿，左腿向左橫跨一步，兩腿間與肩同寬；重心移回兩腿間，雙腿宜直，上身中正放鬆，兩眼向前平視。（圖19）

（**吸氣**—提肛的肌群、小腹內臟肌群鬆放的同時，緩慢深長的納氣形成腹腔吸氣，腹部漸感吸飽的同時，以橫膈膜自覺縮壓向下移動，以自覺向下方腹腔導引，減輕胸腔壓力、擴增吸氣量。）

圖19

4-2-1-3：

上身中正鬆放不變，隨腰、屈膝慢慢向下半坐，兩手掌心向後狀的呼氣。（圖20）

（**呼氣**──隨腰半坐同時收尾閭、緩慢的呼，漸漸收縮腹腔內臟肌群、隨橫隔膜鬆放向上的壓向胸腔，大量的呼出空氣；呼氣末段輕輕的提肛，海底穴肌群、腹腔內臟肌群一體的壓向胸腔，但是，只用意不用力；全身在鬆放狀態中！呼出空氣量向先天呼吸量擴大呼出。）

圖20

4-2-1-4：

兩腿半坐，慢慢恢復伸直站立的吸氣，恢復圖19。（圖21）

（**吸氣**──尾閭、海底穴肌群、腹腔內臟肌群鬆放的同時，隨動作緩慢的深長納氣；腹部漸感吸飽的同時，以橫隔膜自覺縮壓向下移動，以自覺向下方腹腔導引，減輕胸腔壓力、擴增吸氣量。）

圖21

4-2-1-5：

上身向前慢慢彎腰同時──呼氣，頭向下垂兩眼自雙

腿間後視，雙手下垂指尖著地，兩腿宜鬆直、膝蓋骨在鬆動狀。（圖22）

圖22

（呼氣—上身緩慢下彎同步緩慢呼氣，彎腰與腹腔肌群緊縮，隨著橫隔膜鬆放向上，有如腹腔整體擠壓凸向胸腔；在腹腔緊縮與彎腰的機械性壓力，將腹腔中內臟器官大量靜脈血液壓縮回流心臟外，胸腔呼氣肌群也收縮，自然產生大量呼氣，在呼出最受一口氣的同時提肛，形成身體內腔一體收縮，把氣全部呼出的樣子，向「先天呼吸量」擴大推進呼。）

4－2－1－6：

腰身慢慢起直同時——吸氣，全身伸直、頭部緩緩抬起，兩眼向前平視，同圖19。（圖23）

（吸氣—同4－2－1－4）

圖23

4－2－1－7：

兩腿半坐狀，同圖20。（圖24）

（呼氣—同4－2－1－3）

圖24

4－2－1－8：

再回復到4－2－1－4→4－2－1－7應循環連續做「向前彎腰勢」三次後；繼續下段的「左右彎腰式」。（圖25～28）

圖25

圖26

圖27

圖28

4－2－2　左右彎腰、半坐勢：

4－2－2－1：

繼4－2－1－7式兩腿半坐狀的起直，兩腿慢慢鬆直、腳掌向前不變，上身鬆放原勢不變，同時以腰胯慢慢向左方轉90度、上身隨腰轉，兩眼向左側前方平視。（圖29）

（吸氣—同4－2－1－4）

圖29

4－2－2－2：

上身向左下彎呼氣，兩腿宜鬆直，低頭兩眼後視，左手垂於左腳跟，右手垂於左腳尖，兩手尖指著地。（圖30）

（呼氣—同4－2－1－5）

圖30

4－2－2－3：

左彎腰身慢慢起直，頭部緩緩抬起，兩眼左側前方平視；如4－2－2－1。（圖31）

（吸氣—同4－2－1－4）

圖31

4－2－2－4：

腰胯向右轉正，同時兩腿慢慢彎膝、收尾閭，腰向下半坐、呼氣。（圖32）

（呼氣──同4－2－1－3）

圖32

4－2－2－5：

雙腿慢慢伸直吸氣同時，腰胯慢慢向右側轉90度、上身隨腰轉，兩眼向右側前方平視。（圖33）

（吸氣──同4－2－1－4）

4－2－2－6：

上身向右下彎腰，兩腿宜鬆直，低頭兩眼後視，右手垂於右腳跟，左手垂於右腳尖，兩手尖指著地。（圖34）

（呼氣──同4－2－1－5）

圖33

圖34

4－2－2－7：

右彎腰身慢慢起直，頭部緩緩抬起，兩眼右側前方平視。（圖35）

（吸氣—同4－2－1－4）

圖35

4－2－2－8：

腰胯向左轉正，同時兩腿彎膝慢慢向下、半坐。（圖36）

（呼氣—同4－2－1－3）

4－2－2－9：

又從向左彎腰動作的4－2－2－1→4－2－2－8的身腰半坐動作，循環連續做三次。

圖36

4－2－2－10：

繼4－2－2－8半坐腰式，緩慢起直吸氣—同4－2－1－2吸氣；接下方其他招式繼續運動。

若要收勢：重心移於右腿伸直，左腿收回右腿邊，兩腳尖併攏站直，重心移回雙腿之間。（吸氣—同4－2－1－2；與全身放鬆呼氣收勢4－2－1－1）。

4－3　消化功能促進式

　　本式以雙手前舉、手肘下垂，雙掌內移與肩同寬高的沉肩垂肘，腰身半坐、兩腿彎膝、收尾閭，是內家功夫的吊襠、雙腿站樁勢；上身中正、含胸拔背，腰胯下坐、雙腿曲膝，頭、頸部鬆放下顎微收，身心意識自覺、把心放下，即全身筋骨肌肉鬆放、身體重量下落於雙腳掌全面著地處；這身心全面自覺鬆放，才不致使先天呼吸的腹部形成緊張，身心自覺的要領，在調解運動的生機活絡。

　　本式鍛鍊雙臂與兩腿的耐力，強壯腸胃器官相關功能，腹部內臟肌群隨呼吸作用的加強運動，也是下章中大周天循環靜態養成的好方法；要練習久站配合其站樁的體姿順序如下：

4－3－1：

　　自然站立兩腳尖併攏，雙腿宜直，上體中正鬆放，兩手自然平放兩側，兩眼平視前方。（圖37）

　　（**呼氣**─先呼出一口氣，在呼氣時海底穴向上提，腹部肌群隨著收縮，把『呼氣備用量』呼出。）

圖37

4－3－2：

身體重心移向右腿、左腿向左橫跨一步，重心移於兩腿之間，雙腿與肩同寬、站直。（圖38）

（**吸氣**—隨海底穴、腹部肌群鬆放納氣向腹腔，緩慢深長吸氣、腹部漸感吸飽時，以橫膈膜自覺縮壓向下移動、自覺向下方腹腔導引，減輕吸氣壓力、向先天呼吸量領域擴大吸氣。）

圖38

4－3－3：

上身中正不變，雙腿緩慢向下半坐，兩臂垂放兩側、掌心向後。（圖39）

（**呼氣**—小腹內臟肌群收縮，隨同橫膈膜鬆放向上方胸腔移動、緩慢呼出，最後一口呼氣時，輕提海底穴連同腹腔肌群一體，用意不用力的壓向胸腔，向先天呼吸量擴大呼出。）

圖39

4－3－4：

依前式上身不變，兩手由前舉起、隨同腰腿起直，雙臂向前平伸與肩平，兩手與肩同寬高、掌心向下。（圖40A、B）

（**吸氣**─同4－3－2吸氣。）

圖40－A　　　＝　　　圖40－B

4－3－5：

兩腿屈膝、腰胯向下半坐，收尾閭的緩慢呼出同時，雙臂垂肘內收、微彎，兩掌向前與肩同寬高的沉肩垂肘的呼了氣後，雙腿站樁姿勢，開始維持腹部先天呼吸法；除了深長緩慢呼吸外，身體、四肢自覺鬆放不動，隨著腹部

呼氣的緊收與吸氣鬆放要領，腹腔的一緊一鬆帶動內臟全面運動，與身姿半坐耗氧；從三分鐘開始練習，長時練習久站與身心全面鬆放，腹式呼吸習慣、自然後，每次運動最少站立五分鐘以上。（圖41A、B）

（呼、吸氣—同4－3－3呼、4－3－2吸氣。）

圖41－A　　＝　　圖41－B

4－3－6：

收勢時，站樁姿勢不變、兩掌收合至兩肩前—吸氣。

然後，兩手掌心緩慢下按，收放於兩腿外側—呼氣。

雙掌指尖向下垂放，掌心朝內垂靠於兩腿外側同時，身體重心移於右腿後伸直、收回左腿，雙腳腳尖併攏，重心移於兩腿間，回復4－3－1式站姿——吸氣、再呼氣的氣存丹田。（圖42～圖45）

（收勢、合太極—吸氣）　（雙手放下—呼氣）

圖42　　　　　　　　圖43

（吸氣）　　　　　　（呼氣）

圖44　　　　　　　　圖45

4－4 內臟全面運動式

　　本式是腹部深長呼吸主導內臟全面運動；以丹田吐納主導，身體、四肢升降協調活動，配合腰脊、四肢筋骨拉長為輔動的抱虎歸山勢；運動擴及全面性具有降低血壓功效，是強健五腑六臟功能，促進腹腔靜脈血液加速回流心肺的運動，使心血循環活潑、全身組織血氣活絡。

　　半坐時維持上身中正、鬆放，沉肩垂肘、含胸拔背，與收尾閭使臀部內含，是腹部內外肌群整合的要領；身體半坐起直時，頭部須隨待全身站直後，慢慢抬頭向前平視。從4－6到4－9步驟循環做10分鐘以上，詳細招式如下：

　　若從本式新開始運動的準備式：

4－4－1：

　　自然站立兩腳尖併攏，上體中正鬆放站立、兩眼平視；雙腿稍微下坐，先呼一口氣。（圖46）

　　（**呼氣**—先呼一口氣時肛門向上提，腹部器官肌群隨著收縮，儘量靠向『呼氣擴大量領域』呼出）

圖46

4-4-2：

吸氣同時，全身重心移向右腿，左腿向左橫跨一步，兩腿間距與肩同寬；雙腿伸直、重心移回兩腿間，兩手掌心向後，兩眼向前平視。（圖47）

（**吸氣**─海底穴的肌群、小腹內臟肌群鬆放的同時，緩慢深長的納氣形成腹腔吸氣，腹部漸感吸飽的同時，橫膈膜自覺縮向下方移動，自覺向小腹方向導引，減輕胸腔壓力、擴增吸氣量。）

圖47

4-4-3：

上身中正鬆放不變，隨腰、屈膝慢慢向下半坐狀，兩手掌心向後的呼氣。（圖48）

（**呼氣**─隨腰半坐同時收尾閭、緩慢的呼，漸漸收縮腹腔內臟肌群、隨橫膈膜鬆放向上，凸壓向胸腔大量的呼出空氣；呼氣末段輕輕的提肛，海底穴肌群、腹腔內臟肌群一體的壓向胸腔，但是，只用意不用力；呼出空氣量向先天呼吸

圖48

量擴大呼出。）

如承前各式腰身半坐勢的延續運動時，上方4－4－1
至4－4－3項省略。

4－4－4：

半坐腰身起直的吸氣同時，兩手
向前慢慢平伸抬高、隨腰身起直與肩
平，雙手掌與肩同寬高、掌心向下，
全身內外鬆放立姿吸滿氣。（圖49）

（吸氣─同4－4－2）

圖49

4－4－5：

然後上身原狀不動、身隨腰膝半
坐與呼氣，正、側面如圖50A、B。

（呼氣─同4－4－3）

圖50－A

＝

圖50－B

4－4－6：

半坐的雙腿慢慢起直、同時兩手從前上升直的吸氣，掌心向前、指尖朝天，身體不動、雙掌向上伸展……吸氣中：（圖51）

進而雙掌相向、兩臂分向左右，擴放兩側、下落與肩平，雙掌外擴。（圖52）

然後雙臂往後擴壓、吸滿氣：（吸氣同4－4－2）（圖53）

圖51

圖52　　　　　　　圖53

4－4－7：

續前兩手掌心向上原勢（圖53），兩手掌心翻轉向下、上身原勢，隨腰胯緩慢下坐、兩腿下蹲的呼氣，雙手經兩側趨前、下抱，掌心相對──呼氣。（圖54－A、B）

圖54－A　　＝　　圖54－B

4－4－7：

兩掌相對抱合掌心朝上，左掌托右掌於兩膝中間，雙手掌臂向前伸展，兩眼低視掌心。（圖54－A、B）

（呼氣─同4－4－3）

圖55－A ＝ 圖55－B

4－4－8：

吸氣同時，雙掌慢慢提升與眼平時（圖56），兩腿再慢慢站起，雙手原勢不動隨身起立上升（圖57）；進而，雙手掌心翻轉向下、左右分開，兩手前伸與肩同寬高的吸滿氣（圖58）：

（吸氣─同4－4－2）

圖56

圖57

圖58

4－4－9：

前伸雙手肘下垂、掌向下，雙掌與肩同寬高的沉肩垂肘呼氣同時，兩腿慢慢彎膝、身隨腰胯向下半坐、收尾閭。（圖59）

（呼氣—同4－4－3）

圖59

4－4－10：以上自4－4－6到此4－4－9動作，**應連續循環做「抱虎歸山勢」10分鐘以上**。

若在本式結束運動的收勢：

4-4-11：

　　維持4-4-9半坐姿勢（圖59），再吸一口氣，雙臂手肘收合、手掌收置兩肩前（圖60）；然後呼氣同時，雙掌慢慢向下按放下於兩腿外側（圖61）──呼氣：

圖59　　　　　　　→　　　　　　　圖60

圖61

4－4－12：

重心移於右腿伸直，左腿收回兩腳尖併攏，重心移回
兩腿之間——吸氣；然後，呼氣、氣沉丹田——抱虎歸山
收勢。（圖62～圖64）

圖62 → 圖63

圖64

　　以上三式是雙腿著地不動，以腰身的機械活動，輔助腹式呼吸加深練習，重點在緩慢體姿變動養成腹部內外肌群的運動，在腹腔緩慢深長、均勻的呼吸，帶動自律性內臟器官肌群運動練習，擴及自律性內臟全面的運動，增進運動量提升耗氧效益。

　　各式中的動作步調配合的一呼一吸都在緩慢的同步進行，也是深長呼吸習慣的形成；此時習者若呼吸氣還沒有那麼長，須依前章3－7－2小節的加深呼吸的換氣要領多加努力，但不可禁氣或閉氣；身體參與運動的動作部位，在緩慢運動的加深努力與耗氧本然反映，體內的運動機制反射、自然趨向深呼吸發展，使緩慢動作與深長呼吸形成一致調合。

　　此三式兩腿站立各勢動態、配合腹呼吸練習自如後，進而三式一次串連的延長練習，初習開始會有筋骨酸痛的感覺，是正常現象勿須畏縮停止，須忍耐繼續維持運動，按照要領漸進練習，大約兩三個禮拜後，酸痛感會漸漸減輕、至消失；身心內外的鬆放與柔軟度越好，越容易進入佳境；順暢時再進入下小節後段，單腿加重運動、雙腿陰陽互動的耗氧運動。

　　在生理功用上，前段的彎腰、站椿或上下起伏的緩慢運動與耗氧，如小腹的內外肌群、部位呼氣緊縮，腹腔大靜脈中大量血液加速壓回心臟，已形成生理學家法蘭克‧史達林（Frank-Starlingmechanism）的心肺功能機轉效應；身體組織的血氣活絡效益，已大大的超越了任何能使「氣血活絡的有名藥物」了。

4－5　心肺功能促進式

支撐身體重量的雙腿，以陰陽腿互換提增運動量，如陽重的實腿支撐體重七成，陰輕的虛腿支撐體重三成，進而八二、九一或全身重量都放在單腿上，形成倍增運動量或向更大的運動量提升；如全身重量的雙腿虛實互換、與陽重的實腿下坐，以身體姿勢轉變、漸進加重運動；本式是加強心臟、肺臟的功用運動，同時是腸胃肌群內勁與腰腿、雙手的耐力運動；人在身心全面自覺放鬆下，雙臂沉肩垂肘的單腿站樁勢，重心平衡的站立不動時，腦意識自覺無雜念的使心情平靜，用腹式深長、緩慢的均勻呼吸活動，除呼吸作用的腹部內外肌群在收縮、放鬆活動外，全身意識自覺鬆放，支撐身體重心的單腿，也儘量向下放鬆、下落腳掌著地；全身重量下落實腿腳掌著地上，身心自覺、意識虛鬆，組織血氣活絡、細胞代謝活潑，是此時運動生機所在；先練習向前、向左右兩側單腿站樁，再以兩側離地單腿站樁，順序練習如下：

4－5－1　向前單腿站樁式：

4－5－1－1

從自然站立的兩腳尖併攏，雙腿宜直，上身中正鬆然狀態，兩眼平視開始。

（呼氣—先呼出一口氣，呼氣同時海底穴上提，腹腔肌群隨著收縮，儘量把『呼氣擴大領域量』呼；如承前段

的延繼運動，此項可省略。）

4－5－1－2

上身中正，全身重心移於右腿，左腿向左橫跨一步，雙腿間距與肩同寬，重心移回兩腿之間，兩手掌心向後─吸氣。

（**吸氣**─海底穴、腹腔肌群放鬆緩慢納氣，空氣依隨腹腔鬆放自然納進體內向腹腔擴展；腹腔納氣感飽和時以橫膈膜自覺縮向下方，自覺導向小腹擴展，腹腔增加吸氣量、向『先天呼吸量』領域擴增。）

4－5－1－3

然後，上身中正不動，雙腿慢慢彎膝、腰身向下半坐狀──呼氣。

（**呼氣**─橫膈膜鬆放的緩慢呼出、同時收尾閭、腹腔內臟肌群收縮，隨橫膈膜鬆放凸向上方的胸腔；將呼完氣時海底穴用意不用力的輕輕上提，與腹腔內外肌群一體壓向胸腔，呼出大量空氣，趨向呼出肺腔空氣的『先天呼吸量』擴大。）

4－5－1－4

雙腿不變，兩手向前平伸往上舉起與肩平，掌心向下雙臂與肩同寬高的吸氣。

（**吸氣**─同4－5－1－2吸氣）

4—5—1—5

然後，兩臂微彎、兩肘鬆放向下的沉肩垂肘——呼氣。

（呼氣—同4—5—1—3呼氣；以上姿勢如前面各式相同。）

4—5—1—6

上身維持自覺鬆放不動，身體重心移向左腿，全身重量落實左腿、腳掌全面著地處，右腳掌跟提起腳尖著地虛放（如圖65），然後，腰身下坐左腿、呼氣，形成左單腿站樁勢；下坐左單腿不動、維持腹式呼吸兩分鐘以上。（圖66）

（吸、呼氣—同4—5—1—2，4—5—1—3的吸、呼氣）

圖65

圖66

4－5－1－7

之後，右腳跟落地，重心移於兩腿之間半坐狀。（圖67）

（**呼氣**─同4－5－1－3的呼氣）

4－5－1－8：

重心移於右腿、腳掌全面著地，左腳跟提起腳尖著地虛放，即右單腿站樁式；本式不動、站樁兩分鐘以上，連續腹式呼吸。（圖68、圖69）

（**吸、呼氣**─同前）

圖67

圖68

→

圖69

4－5－1－9

左腳跟落地，重心移於兩腿之間──呼氣。（如圖67；**呼氣**─同4－5－1－3的呼氣）

4-5-2 左右單腿站樁式：

4-5-2-1

承前4-5-1-9 之後；吸氣同時重心移於左腿、輕提右腳跟（圖70），與腰身向右轉45度（圖71）。

（**吸氣**—同4-5-1-2吸氣）

圖70 → 圖71

4-5-2-2

身體轉向右前方，然後腰胯下坐左後腿，全身重量落實在左後腿的腳掌著地處，右前腿腳跟輕提、腳尖著地虛放，形成右向單腿站樁式；站樁兩分鐘以上、腹式呼吸。（圖72）

（**呼氣、吸氣**—同前）

圖72

4－5－2－3

左腳微伸起（圖73），右腳隨腰身向左轉回正前方（圖74）。（**吸氣**－同4－5－1－2吸氣）

圖73　→　圖74

4－5－2－4

右腳跟落地，輕提左腳跟（圖75），重心移於右腿順勢半坐──呼氣，左腳跟提起（圖76）。

（**呼氣**－同4－5－1－3的呼氣）

圖75　→　圖76

4－5－2－5

腰胯、右腿起直，左前虛腿隨腰身向左側45度半轉（圖77），然後下坐右腿、落實全身重心，形成左向單腿站樁式（圖78）；連續站樁、腹式呼吸兩分鐘以上。

（吸、呼氣—同前）

圖77

圖78

4－5－2－6

右後腳微伸起直（圖79）、左前虛腿隨腰身向右轉正——吸氣，然後腰胯下坐右腿——呼氣（圖80）。

（呼、吸氣—同前）

圖79　　→　　圖80

4－5－2－7

左腳跟落地，重心移於左腿順勢半坐，右腳跟輕提、虛放。（圖81）

（一呼氣）

圖81

4－5－3　兩側離地單腿站樁式：

4－5－3－1

承前（4－5－2－7），左腳微伸起，輕提右腳跟隨腰身右向轉45度──吸氣（圖82）；左後腿下坐、落實重心，右腳跟輕提、虛放──呼氣（圖83）。

（吸氣、呼氣－同前）

圖82　　　→　　　圖83

4-5-3-2

左腿微伸同時，右前腿離地抬起——吸氣（圖84）；
右腳抬起不動、下坐左後腿，右向離地單腿站樁式（圖
85），連續腹式呼吸兩分鐘以上。

（吸、呼氣—同4-5-1-2、4-5-1-3）

圖84　　　→　　　圖85

4-5-3-3

右前腿慢慢放下，右腳
尖著地——呼氣。（圖86）

（呼氣—同4-5-1-3）

圖86

4－5－3－4

左腳微升，右腳隨腰身向左轉正。（圖87）

（吸氣─同4－5－1－2吸氣）

圖87

4－5－3－5

放下右腳跟，重心移於右腿順勢半坐，左腳跟輕提、虛放。（圖88）

（呼氣─同4－5－1－3呼氣）

4－5－3－6

右腿微升，左腿隨腰身向左方半轉45度──吸氣（圖89），右腿下坐落實重心（圖90）。

（呼、吸氣同前）

圖89

→

圖90

4－5－3－7

　右腿微伸，同時左腳離地慢慢抬起—吸氣（圖91）；
離地左腳不動，腰身下坐左腿——呼氣（圖92），左向離
地單腿站椿式，連續腹式呼吸兩分鐘以上。

　（吸、呼氣—同4－5－1－2、4－5－1－3）

圖91　　　→　　　圖92

4－5－3－8

　左腿慢慢放下、左腳尖
著地——呼氣。（圖93）

　（呼氣—同4－5－1－3呼
氣）

圖93

4－5－3－9

左腳隨腰身向右轉正，左
腳跟落地，重心移於雙腿之
間，兩腿伸直。（圖94）

（吸氣─同4－5－1－2）

圖94

4－5－3－10

雙腿半坐。（圖95）

（呼氣─同4－5－1－3）

4－5－3－11

雙臂手肘下垂，雙掌內
收於兩肩前（圖96），慢慢
下按彎於兩腿外側──呼氣
（圖97A側面、B正面）。

（呼、吸氣─同前）。

圖95

圖96

→

圖97－A

=

圖97－B

4－5－3－12

雙腿伸直——吸氣（圖98）；重心移於右腿，左腿收回，兩腳尖併攏，重心移於兩腿之間收勢（圖99）。

（呼、吸氣）

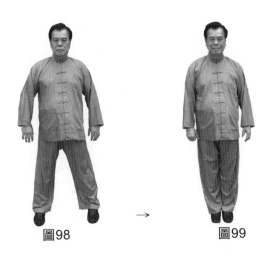

圖98 → 圖99

以上各式單腿站樁初習者，如年歲大單腳腿力不足、單腿支撐不了體重，先在向前、左右兩側單腿站樁式練習，將身體重量分些放在前面虛腿上，如前腿四成體重、後腿六成開始練習，隨著每日練習漸漸將前腿減輕、移向後腿，三七、二八的進展，待單腿能支撐身體重量時，再練習兩側離地單腿站樁式；熟悉者要加重運動量與耗氧，在支撐全身重量的後腿半坐，即單腿腰身半坐狀，或單腿站樁的時間延長，都是提高運動量與耗氧的方法。

4－6　健腸壯胃式

　　雙腿左、右下勢式，以三種體姿、方向起伏拉筋，現階段以鍛鍊腰胯、雙腿關節活絡，雙腿筋骨拉長與腰腿彈性養成為主；後段隨著意識向內虛淨、鬆放，及於脊髓伸展與全身筋脈柔軟，擴及大小血管、神經纖維柔軟效益。

　　此時段，注重臀部內含、收尾閭的穩固重心，雙腿變換自然輕靈，所以也稱收尾閭下勢式；此式偏重腹腔中內臟器官平滑肌群運動，也是促進消化功能效益的壯胃、健腸運動；若消化系統功能較差、或胰臟肝膽功能不好，將這收尾閭下勢式緩慢運動，與腹式呼吸的深長配合，身心的鬆、緊要領徹底執行效益更佳，步驟如下循序說明。

4－6－1　下勢之一：

4－6－1－1

　　兩腳尖併攏，自然站立雙腿宜直，上身中正，兩眼向前平視開始。（圖100）

　　（若剛開始運動先呼出一口氣：將海底穴上提，連結腹部肌群收縮向胸腔，將積存在肺中的『呼氣擴大領域』呼出；如承前延續運動，此項可以省略。）

圖100

4－6－1－2

重心移於右腿半坐，左腿向左橫跨一大步，然後兩腿伸直胯立，兩手自然垂放兩側掌心向後——吸氣；收小腹、尾閭——呼氣。（圖101）

（**吸氣**——隨海底穴、腹腔肌群放鬆的緩慢吸氣，空氣依隨腹腔鬆放自然納進體內向腹腔擴展；腹腔納氣感飽和時以橫膈膜自覺縮向下方，用覺導引橫膈膜向小腹擴展，腹腔增加吸氣量、向『先天呼吸量』領域擴大。

呼氣——收尾閭、腹腔內臟肌群收縮，隨橫膈膜鬆放凸向上方的呼出；將呼完氣時海底穴用意不用力的輕輕上提，與腹腔內外一體壓向胸腔，呼出大量空氣，趨向『先天呼吸量』擴大呼出。）

圖101

4－6－1－3

兩手前舉平伸、掌心向下，雙臂與肩同寬高，同時重心移於右腿、微坐，左腳尖翹起轉向左側——吸氣、要領同前：（圖102）

圖102

4－6－1－4

左腿伸直不變、身體重心偏向右腿慢慢下蹲，雙臂向前伸拉、指尖趨下──呼氣，要領同前。（圖103）

圖103

4－6－1－5

左腿伸直原勢不變，右腿慢慢站立起來，左腳尖轉正、向前，身體重心移於兩腿、恢復胯立狀，雙手掌交叉於小腹前、右掌在上──吸氣，要領同前。（圖104）

圖104

4－6－1－6

兩手自然垂放兩側掌心向後，微坐雙腿、收尾閭與呼氣，呼氣要領如前。（圖105）

圖105

4－6－1－7

兩手向前平伸、上舉，雙臂
與肩同寬高、掌心向下，同時重
心移於左腿、微坐，右腳尖翹起
轉向右側——吸氣、要領同前。
（圖106）

圖106

4－6－1－8

右腿伸直原勢、不變，身
體重心移向左腿、慢慢下蹲，
隨身體重心在左邊下降，兩手
自然向前、拉伸——呼氣、要
領同前。（圖107）

圖107

4－6－1－9

右腿維持伸直狀、不
變，左腿緩慢站起伸直，右
腳尖轉回、向前，兩腿恢復
伸直胯立狀，雙臂手掌交
叉於小腹、左掌在外——吸
氣，要領同前。（圖108）

圖108

4－6－1－10

兩手自然垂放兩側掌心向後，微坐雙腿、收尾閭與呼氣，呼氣要領如前。（圖109）

4－6－1－11

由4－6－1－3到4－6－1－10的步驟循序，再做兩次以上，然後進入下勢之二；呼吸要領如前，循環步驟如下。（圖110～圖117）

圖109

（吸氣）→

圖110

（呼氣）→

圖111

（吸氣）→

圖112

（呼氣）

圖113

（吸氣）→（呼氣）

圖114　　　　　　　　圖115

→（吸氣）　　　→（呼氣）

圖116　　　　　　　　圖117

→循環兩次、進入下勢之二。

4-6-2　下勢之二：

4-6-2-1

承前4-6-1-10之後（圖117）；右腿前向不變、微坐，左腿隨腰部向左半轉同時，右手依舊向正前方平伸、

抬起,左手則朝左側方向平伸、抬起,雙手成90度與肩平（圖118），也同時翹起左腳尖、隨腰胯轉向左側──吸氣、要領如前：

圖117　　　　　　　　　圖118

4－6－2－2

左腿直伸左側不變,重心偏重右後腿緩慢下蹲,頭部傾向左側、面部朝左前,上身向左前方俯下、左手扳左腳尖,形成腰部、脊髓拉伸;右手于右腳尖前方垂伸──呼氣,要領如前。（圖119）

圖119

4－6－2－3

隨著右腿緩慢站起伸直，左腿尖、腰身與頭部都同步轉正向前，兩腿恢復伸直大步胯立狀，兩手臂交叉於腹前，右手在上——吸氣、要領如前。（圖120）

4－6－2－4

兩手自然垂放兩側掌心向後，微坐雙腿、收尾閭與呼氣，呼氣要領如前。（圖121）

4－6－2－5

雙腿站直、重心偏向左腿，左手依舊向正前方平伸、抬起，右手則朝右側方向伸平、抬起，雙手成90度與肩平，同時翹起右腳尖、隨腰胯向右側半轉，面部朝右、兩眼自覺向前平視——吸氣，要領如前。（圖122）

圖120

圖121

圖122

4－6－2－6

向右側、右腿直伸狀不
變，身體重心偏重左後腿、
與慢慢下蹲，上身向右前方
俯下，右手扳右腳尖，形
成右側腰胯、手腳與脊髓拉
伸；左手於左腳尖前方垂伸
——呼氣，要領如前。（圖
123）

圖123

4－6－2－7

左腿慢慢站起，右腿
尖、腰身與頭部同步轉正前
方，兩腿恢復伸直大步跨
立狀，兩手臂交叉於腹前、
左手在上——吸氣，要領如
前。（圖124）

圖124

4－6－2－8

兩手自然垂放兩側掌心
向後，微坐雙腿、呼氣與收
尾閭，呼氣要領如前。（圖
124）

圖125

4－6－2－9

以上由4－6－2－1到4－6－2－8步驟動作，再循環做
兩次以上，繼續進入下勢之三。（圖126～圖133）

（吸氣）→　（呼氣）

（吸氣）→

圖126　　　圖127　　　圖128

（呼氣）

→（吸氣）

→（呼氣）

圖129　　　圖130　　　圖131

→（呼氣）

圖132　　　圖133

→循環兩次、進入下勢三。

4－6－3　下勢之三：

4－6－3－1

承延4－6－2－8兩
腿大步跨立伸直狀（圖
133）；重心微坐右腿，
雙手臂自兩側向上平伸、
舉起，雙臂與肩平呈一字
狀的同時，與左腳尖翹起
隨腰胯轉向左側，面朝左
側、兩眼自覺平視──吸
氣，要領同前。（圖134）

圖134

4－6－3－2

右腿慢慢下蹲、落實右腳掌重心，左腿維持伸直狀，
上身朝左前方俯傾，左手前伸扳左腳尖；形成右手向右後
方伸、拉，與左側的手、腰、腿前伸對拉狀；自覺鬆放時
進階脊髓拉伸，──呼氣，要領同前。（圖135）

圖135

4－6－3－3

隨著右腿慢慢站起、伸直，左腿尖、腰身與頭部都同步轉正，兩腿恢復大步伸直胯立狀，兩手臂交叉於腹前、右手在上──吸氣，要領同前。（圖136）

圖136

4－6－3－4

兩手自然垂放兩側掌心向後，微坐雙腿、收尾閭與呼氣，呼氣、要領如前。（圖137）

圖137

4－6－3－5

重心偏移左腳掌、微坐左腿，雙臂自兩側平伸、舉起，兩臂與肩平呈一字狀同時，右腳尖翹起隨腰胯轉向右側，面朝右前方、兩眼自覺平視──吸氣，要領如前。（圖138）

圖138

4－6－3－6

左腿慢慢下蹲、坐實重心，左手維持朝左後方拉伸；右腿平直前伸，右手扳右腳尖，與上身朝右前方俯傾，形成右側手、腰、腿與左後重心對拉狀，──呼氣，要領如前。（圖139）

圖139

4－6－3－7

隨著左腿慢慢站起伸直，右腿尖、腰身與頭部都同步轉正向前，兩腿恢復大步伸直跨立狀，兩手掌交叉於腹前、左手在上──吸氣，要領如前。（圖140）

圖140

4－6－3－8

兩腿大步跨立伸直狀，兩手慢慢垂放於腰部兩外側，兩眼自覺平視正前方──呼氣，要領如前。（圖141）

圖141

4－6－3－9

以上由4－6－3－1到4－6－3－8循環連續再做兩次以上，如下：（圖142～圖149）

（吸氣）→（呼氣）

圖142　　　　　　　圖143

（吸氣）→（呼氣）　　　　→（吸氣）

圖144　　　　　　圖145　　　　　　圖146

→（呼氣）　　→（吸氣）　　　→（呼氣）

圖147　　　　　　圖148　　　　　　圖149

→循環兩次，收勢如下：

4－6－4－1

收勢，重心移至右腿半
坐、左腳跟提起收到右腳邊，
腳尖靠攏、兩腿站直──吸氣
後、再慢慢呼出氣、氣存丹
田。（圖150）

圖150

以上是上身、雙手與雙腿
方向互動，做全身筋骨、關
節，與神經脈絡拉長的運動，
各式都有身、肢不同動向對
拉；下勢活動重心在腰臀與腹腔，收尾閭的臀部內含連結
腹腔肌群、腰腿活動自能輕靈是關鍵。

後續進階隨著意識虛化發展，拉伸及於脊髓、中脈，
與內外組織軟化，是全身大小血管、脈絡，神經纖維大小
通路的筋脈拉伸，其運動效益之深遠，由此可見一斑。

4－7 身心運動養成式

進入動態的身心運動養成，雙腿陰陽互換運動練習，
介紹彎腰扳腿與蹬腳運動；在身體、四肢換步互動的運動
進程，貴在身心內外意識自覺、鬆放與平衡，支撐的單腿
腳掌全面著地，與使全身重心漸進落實在支撐單腿腳掌著
地上，身肢互換動態自能平衡、站穩；進而身心能鬆、四
肢均穩、活動輕靈，將蹬腿力道與身體重量，化解於支撐

腳掌著地處，身肢互動配合密切、全身活動平穩。

本式俱脊髓、腰腿筋骨拉長效益，身心自覺與內臟全面運動的效果；要義在深長呼吸的徹底、與身肢緩慢動態的協調，使重力運動、耗氧與大量呼吸氣，能在體內達成最佳的運動生機功效，須循環做十分鐘以上。

4-7-01

自然站立的兩腳尖併攏，雙腿宜直，上體中正，兩眼平視開始。

（先呼出一口氣後；如承前繼續運動，此項可省略。）

4-7-02

身體重心移向右腿半坐，左腿向左橫跨一步，雙腿距離與肩同寬，然後重心移於兩腿──吸氣；然後，腰身半坐狀，兩手掌心向後──呼氣。

（**吸氣**──隨海底穴、腹腔肌群放鬆緩慢納氣，空氣依隨腹腔鬆放自然納進體內向腹腔擴展；腹腔納氣感飽和時以橫膈膜自覺縮引向下方，用覺導引橫膈膜向小腹擴展，吸氣量趨向『先天呼吸量』擴大吸氣。

呼氣──橫膈膜鬆放的緩慢呼、同時收尾閭；接著收縮腹腔內臟肌群，隨橫膈膜鬆放凸向上方的胸腔；將呼完氣時海底穴肌群用意不用力的輕輕上提，像腹腔內外一體壓向胸腔，呼出大量空氣，趨向『先天呼吸量』擴大呼出。）

4-7-03

身體重心移向左腿坐實，右腳尖翹起、與腰身向右轉90度、右腳尖繼續轉右135度——吸氣。（圖151）

（同前，以下呼吸均同前）。

圖151

4-7-04

放下右腳掌、身體重心前移右腿、坐實，左腳收至右腳跟後、腳尖離地——呼氣。（圖152）

圖152

4-7-05

右腿站直同時，左大腿向前提平、腳尖向下（圖153）；然後右腿微坐，左腿鬆放向身後伸展，與兩手向前平伸，形成平衡狀（圖154）；——吸氣。

圖153   圖154

4-7-06

進而,後伸左腳趨前、向左前方蹬出;向左手前伸高度努力蹬腳──呼氣。（圖155）

圖155

4-7-07

左腿下落於左前方一步、腳跟著地,與放下雙手（圖156）;左前腿直伸不動,右掌沿左腿上側、左手在左腿下側,隨著身體向左前曲彎,雙掌沿著左腿向下撫伸,右手扳著左腳尖、左手扶左腳跟,上身前彎、趨向左腿貼進與努力扳腿,兩眼自覺後視（圖157）──呼氣。

圖156　→　圖157

4-7-08

上身緩慢起直、吸氣，兩手鬆放垂於兩側，身體重心在右後腿；左前腿腳尖趨左45度方向調轉──吸氣。（圖158）

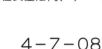

圖158

4-7-09

放下左前腳掌，身體前移左腿、微坐重心，右腳收至左腳跟後、腳尖離地──呼氣。（圖159）

4-7-10

左腿站直同時，右大腿向前提平、腳尖鬆放（圖160）；進而微坐左腿，放下右腿、向右後方伸展，與腰身趨前、雙手向前平伸，形成平衡狀（圖161）──吸氣：

圖159

圖160

圖161

4-7-11

上身趨前挺直、右腿趁勢向右前方蹬出，向右手前伸高度努力蹬腿——呼氣。（圖162）

圖162

4-7-12

右腿下落於右前方一步、腳跟著地，與放下雙手（圖163），右前腿直伸不動，左掌沿右腿上側、右掌在右腿下側，隨著身體向右前曲彎，雙掌沿著右大腿向下撫伸，左手扳右腳尖、右手扶右腳跟，上身前彎、趨向右腿貼進，與努力扳腿，兩眼自覺後視（圖164）——呼氣。

圖163

→

圖164

4－7－13

上身緩慢起直、吸氣，兩手鬆放垂於兩側，身體重心在左後腿，右前腿直伸腳尖尖翹起不動（圖165）；此時如場地容許、同向，右前腿腳尖趨右45度方向調轉落下──吸氣；繼續4－7－04──4－7－13（圖165）循環運動。否則轉向：右前腳掌隨腰身向左轉90度，放下右腳掌、落實重心，調整左腳跟（圖166），身體重心移於兩腿間（圖167）──吸氣。

圖165

→繼續47─04至4－7－13（圖165）式的循環；或者：↓

圖166

→

圖167

4－7－14

兩腿、腰身半坐——呼氣，備轉左側方向繼續運動。（圖168）

4－7－15

身體重心移右腿、落實，左腳尖翹起、隨腰身向左轉90度，左腳掌尖繼續偏左轉135度——吸氣。（圖169）

4－7－16

重複4－7－09至4－7－12動作之反方向，彎腰、扳腿、蹬腳運動等步驟，如圖170～圖175。

圖168

圖169

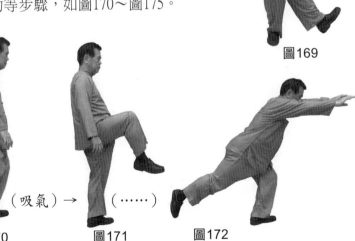

（吸氣）→　（……）

圖170　　　圖171　　　圖172

圖173　　　　圖174　　　　圖175

（呼氣……………………………………）

4－7－17

上身緩慢起直、吸氣，兩手鬆放垂於兩側（如圖176）。

圖176

　　【此時如場地不容許，右腳掌隨腰身向左轉90度，放下右腳掌、落實，調整左腳跟（圖166的反向），身體重心移於兩腿間（圖167的反向）—吸氣；然後重複4－7－04至4－7－13圖165的彎腰、扳腿、蹬腳運動】

　　否則，同方向繼續運動，呼吸要領同前。（圖177～圖182）

圖177　　　　圖178　　　　圖179

圖180　　　　圖181　　　　圖182

（以上左右扳腿蹬腳活動要領已形成環狀，習者可依自己的運動場地調整轉向擴大做運動，連續做十分鐘以上。）

4－7－18

收勢，上身緩慢起直、吸氣，兩手鬆放垂於兩側（圖183），身體重心在右後腿，左前腿直伸翹起腳尖不變，隨腰身向右轉90度，放下左腳掌，身體重心移於兩腿間（圖184）——吸氣。

圖183　　　　　　　圖184

4－7－19

兩腿曲膝、腰胯向下半坐——呼氣。（圖185）

圖185

4-7-20

重心移於右腿站直,同時收回左腿,兩腳尖併攏,重心落於雙腿之間——吸氣;身體中正,兩眼平視——呼氣;氣沉丹田。(圖186)

後三式(4-5、4-6、4-7)單腿加重、與動態交互的運動,以身心、意識自覺、鬆放,在養成筋骨、脈絡、全身組織柔軟為主;從前面身體靜態運動進入動態的加重運動與耗氧,都在意識

圖186

自覺、神經系統自覺鬆放,運動面自然趨向內臟組織肌群全面性進展,是自主功能領域的運動養成;在緩慢動作的單腿重力運動、耗氧,促成心血管的血液循環數倍提升,由未參與運動、鬆放的組織微循環承受;如此陰陽互換運動,全身組織微循環大量活絡、細胞代謝活潑;內在體液環境的生機效益自然同步大量提升。

這陰陽交互運動、身體組織血氣交互活絡的擴遍全身,是人體多重生理機轉的連環效益開端;自能使控的身體四肢、身心意識都在自覺養鬆,被動的配合內臟功用層面主導全身運動外;廣闊的內在自主功能領域,隱在層面意識自覺與自律功能組織的運動加分,關係組織生機、細胞覺性活潑,人體組織生性蘊積意識澄淨、覺的清純發展,生性敏覺活潑、組織血氣活絡,也是下節內勁根基養成的規劃主題。

　　內家拳術以腰部為身心運動中心，消化系統功能是人體動力根源，在生理學上解說，自主神經系統的腸道神經分支，具有完整的神經反射組成，可與中樞神經系統獨立；但是，自主神經系統發出的交感、副交感分支，在腸道上也都有分佈等云云。腹式呼吸進入自律性內在運動，先確保身體能源吸收的腹腔消化功能，與帶動內臟全面運動、健康，與下章的內勁根基養成介紹，神氣擴遍全身進展，都立基在人的身心功能本然，是古來武術先賢的智慧經驗；下小節的「氣存丹田」是產生勁道的中心點，涵蓋整個拳架內修活運中，腰際內外肌群，主導身心全面運動，身心同步健康根基。

4－8　氣存丹田

　　此時的腹式呼吸，配合全身機械性、內臟運動，已能漸進習慣於向橫膈膜上下活動，當正丹田（橫膈膜活動範圍）有微暖感覺存在時，可將正丹田的熱氣隨呼吸活動，向下丹田、臍下小腹推展；吸氣時，前半口氣吸滿了正丹田、後半口氣以橫膈膜意識自覺下擴，向下方腹腔擴展、也是橫膈膜收縮向下，將正丹田的熱氣下壓轉入下丹田，使吸氣擴及海底穴的氣存丹田；這進階活動須在正丹田有暖暖的感覺，橫膈膜才不會受到傷害。進入氣存丹田、加深呼吸氣層面，呼氣緊縮會陰肌群與尾閭內含，這小腹內外肌群串聯的腹式呼吸效應，將是身心、內外全面運動的下丹田樞紐。

　　太極拳術的心會論中「腰脊為主宰，丹田為賓輔」，丹田中腸道肌群的力勁是腰脊主要輔助；運動中體內各種氣的活動、氣是力根，丹田呼吸帶動氣的活潑，下丹田就成為養氣力之所在；如前述較獨立的腸道神經分支，密佈腸道壁上神經叢網路，是腸道平滑肌、消化腺體，及腸道內表皮細胞活動的突觸，是氣存丹田的生理基礎；經腸道上分佈的交感、副交感，擴向內在自主功能領域全面運動。

　　全身血氣活絡關係腹式呼吸幫浦，與內在自覺鬆縮主導全身運動；組織微循環的血氣活絡提升，關係到生理、心理層面，自腹式呼吸養成、內臟運動漸進的一路走來，運動在全身功能組織的陰陽互換，主導運動的組織緊縮，或未參與運動的組織鬆放，是屬生理層面的緊縮、放鬆；如能把心放下來，腦神經意識、全身意識自覺的鬆放，是心理層面的放鬆；所以，身心、意識自覺運動的養成，本然的在身心全面性、組織根本性運動進展，使全身血氣活絡、疏通組織微血管意識阻塞，都是身心強健內修的重要修程；這進入較深層意識自覺、放鬆運動，也是後面章節討論主題。

　　本章節的各式運動要領徹底的做到，熟習腹式呼吸的氣存丹田，與緩慢動作同步的密切配合，漸進加重運動量與耗氧發展，使身體各功能系統在血液循環活潑狀態下，為身心功能衰退復健，與抗老的生機效應建立基礎。向重力運動與組織耗氧進階，在氣存丹田的效應，將使身體漸漸柔軟、內在力勁提增，提升工作效益與耐勞能量；若有

本門弟子當面指導，從旁觀指正較能全面性兼顧到，如姿勢、要領的徹底做到，與意識自覺的深入內在層面運動，是身心健康較快成效的方法之一。

5. 內勁根基養成

5－1 體內「氣」的活動

人體中的內、外意識活動，並沒有很清除的界限，細胞活性的覺，在身心各層面無所不在，意識蘊存了生性，存在各功能層面，或隱或顯的功能活動中；意識是生命覺性的活動現象。

常人生活偏重在意識層面活動，於生性外在的知情慾中競生，存活於喜怒哀樂現象的「人心」中；在功能上，各種情緒阻礙生性、使人老化。意識自覺是喜怒哀樂情愫歸根在生性，外在意識鬆放、內在意識自覺，亦即意識層面的舒鬆與化解，如「人心」神情緊縮習慣的鬆放、自覺，與「天心」意識自覺，意識流靜澄、不相互干擾的內修，身心漸進歸向覺性本然，覺性活潑即組織血氣活絡；「覺」在身體中、無所不往。

大腦組織經神經系統，快速的統合全身各大功能系統（2.我們的身心組構），如大小血流循環，組織血氣活絡，或下面解說的各種「氣」，在體內的活動，是隱在腦神經的快速統合作用，也是下小節要談的周天「神氣」導引。

大家已知道，人體功能意識「覺性」或隱或顯的存在

各種器官組織，各功能器官、組織的意識自覺，歸一於腦意識自覺，腦意識覺知活動的「神氣」，經內在組織規劃出動線，配合腹部呼吸空氣同步活動，循環全身組織養成，加深內臟各官能運動，氣血活絡全身的內修依據，是下節的大周天循環進階；若將人體內外器官組織，全身組織的內修層面比做「大市場」，這腦神經意識自覺活動擴展，如在市場推出新產品的佈銷要領，以點、線、面的逐步擴大全市場；氣存丹田是「點」、大周天導引是「線」，進而「覺」的神氣向身體組織全面活絡；化開組織意識僵化、氣血全面活潑。

人體中的各種「氣」，從肺部呼吸「空氣」，經肺部進出血液循環、代謝，與帶動各種激素作用的「血氣」，腦神經統合作用的「神氣」，或神氣、血氣活絡使內臟肌群產生「力氣」，在體內組織惟微互動，古來不分的以「氣」統稱。

莊子論呼吸，在「大宗師」中：「真人之息以踵，眾人之息以喉，……」，讓呼吸的空氣及於腳踵？道家、武術太極拳經又是「以心行氣，以氣運身」、「全身意在神不在氣，在氣則滯」等等，讓不明究理的人，以為呼吸氣怎麼可以運遍全身？或呼吸氣衝開橫膈膜，及於腹腔、氣存丹田？又著意在氣？則停滯不前等等；容易使習者誤解、或誤認非常理，而放棄這寶貴的運動養生道理；實際上是不同階段修習養成，都是內修過程的主旨與要領。

古文化對「氣」字常與「神」通用，亦即人的精神意識、覺性通稱；人體呼吸「空氣」只及於肺部；空氣中

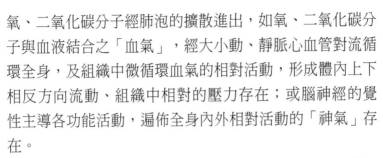

氧、二氧化碳分子經肺泡的擴散進出，如氧、二氧化碳分子與血液結合之「血氣」，經大小動、靜脈心血管對流循環全身，及組織中微循環血氣的相對活動，形成體內上下相反方向流動、組織中相對的壓力存在；或腦神經的覺性主導各功能活動，遍佈全身內外相對活動的「神氣」存在。

　　腦性主導全身大小神經覺性、各種意識活動的「神氣」，在全身器官、組織之中無所不在，亦即神氣能行之於內、表之於外，內外無所不往的活動；或神氣帶動血氣活絡全身、產生「力氣」，在武術上力氣的氣還能發之於外、收斂於筋骨；都以「氣」字涵蓋之，容易使習者混淆。現在已瞭解古書中的「氣」，除了呼吸的空氣外，體內的神氣、血氣、力氣，或各種激素、免疫的淋巴活動的「氣」，甚或神氣帶動血氣活絡、產生力勁，發出體外的力氣，等等都通稱是氣。

　　再從身體實際活動來進一步認知，當我們將感覺貫注在手掌心時，血液循環好的人，手掌組織血流擴充而發紅現象；如我們的手要拿東西之前，隱在功用先「覺」知需要，再產生想要「意識」及「意」志行動；這覺、意「神氣」的「氣到」手上，「血氣」也自然被帶到，才能有「力氣」產生，有「拿」的力氣動作結果；這是下節周天導引規劃以「覺」的串聯、循環活動養成，提升內外肌群全面運動的道理基礎；也是古來太極拳經「意到、氣到、勁到」的拳術起修方法。

　　這些解說大概就能夠讓習者，自我體悟、理解，對文

句中許多「氣」的斯時斯義,是各有所表的自能體會,不致誤解;其古文義謂在下節周天循環一併解說。

5－2 周天導引

周天導引是天心領域,依隨著呼吸氣活動,神氣循環天心領域之謂,也有大還丹法之稱,與腹部緩慢呼吸同步,循環任督二脈的大周天導引為主,在體內自主功能層面,以意識自覺引動大小血液循環,養成同步活絡全身的門徑。

人體內臟器官不隨意肌群的自律活動,只有「覺」能進出這生命自律領域;前段腹部呼吸帶動內臟全面運動,以橫膈膜自覺向下方關元、氣存丹田,提升內臟器官運動效益,使平滑肌群健康、產生勁道,是習者熟悉的方向;本節進入拳經「以心行氣」修程,如以心、意活動的呼吸作用,導引神氣周天循環來解說,心、意識是覺性的現象,先賢以周天導引為名,是不能直接用心、用意,使神氣與呼吸氣循環;而是,以腦組織意識自覺導引,隨呼吸氣同步活動的「神氣」循環周天養成。

各組織神經元意識自覺串聯,帶動的意、覺活動路徑,藉丹田吐納的呼、吸動向,胸腔經橫膈膜意識自覺向腹腔擴展容積的同步,將意識自覺活動的神氣,向下雙腿延伸活動,及向上方的頭部延伸,與延長向左右手循環活動等等路徑,是擴大全身內在功能的意識自覺串聯,形成腦神經意識自覺活動的神氣,漸漸活絡的主導血液,循環

各組織路線的養成。

　　大周天導引路線圖（124頁），是依照家師　王延年老師著作中的內功關竅圖，亦即古書述柳真人的「任督二脈圖」是上半身小周天循環，再加了下半身雙腿、與兩臂循環路徑形成全身周天的路線；各種周天運轉與只及於肺腔的空氣呼吸同步活動；空氣只在肺腔中，經橫膈膜向腹腔擴大呼吸量而已，外表上像「呼吸氣」同步的「氣貫全身」、或到處循環似的，是常人容易誤解之處。

　　解說「神氣」隨著呼吸活動的氣，漸進擴大、貫全身活動之前，再復習一下呼吸活動的空氣呼吸量，人的平靜呼吸量為500ml，先天呼吸量是4,500ml（吸氣擴大領域量+呼氣擴大領域量+平靜呼吸量之和），提增九倍之多；在深長的呼與吸時程，足夠讓神氣運轉全身，配合緩慢的重力運動、耗氧反射機轉、與組織意識自覺的鬆放、組織血氣活絡，及細胞代謝活潑等因素，形成了生命本然活動的運動機轉設計。

5-2-1　大周天路徑

　　如124頁大周天路經的縱向循環，吸氣時，神氣從頂門的百會、兩眉間的玄關，與鼻孔吸氣的覺會合於泥丸，意識自覺的「神氣」自泥丸下至咽喉，與呼吸空氣會合一體，兩氣沿任脈向下丹田走；空氣走進肺腔中、與神氣同步由橫膈膜向下擴展，亦即氣（空氣、神氣）充滿下丹田關元，經海底穴分為三路，一經尾閭關轉向後面上升氣堂，使腹腔充滿了氣；二路的神氣分沿著兩腿內側動脈，

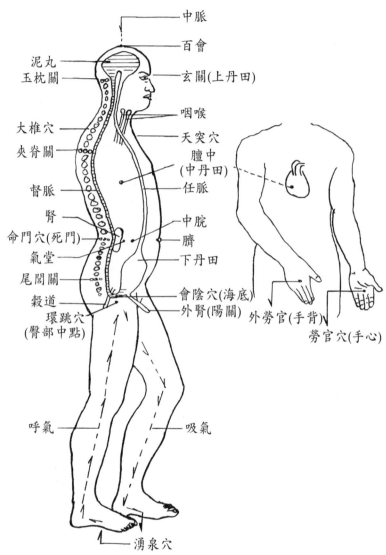

中脈

百會

泥丸
玉枕關

玄關(上丹田)

咽喉

大椎穴
夾脊關

天突穴

膻中
(中丹田)

任脈

督脈

腎

中脘

命門穴(死門)

臍

氣堂

下丹田

尾閭關

穀道

會陰穴(海底)

環跳穴
(臀部中點)

外腎(陽關)

外勞官(手背)

勞官穴(手心)

呼氣

吸氣

湧泉穴

大周天導引路線圖

向下走到腳底湧泉穴，此時的深長吸氣還在進行，並吸滿了丹田、氣堂產生壓力，即將吸氣（實際上是神氣）從泳泉穴放出，自然舒解、減輕丹田中的壓力；這是吸氣與神氣貫串同步互動的下行路徑。

呼氣時，鼻孔呼空氣的同時，意識自覺的神氣，從腳底湧泉同步進氣，經雙腳足跟外側、沿小腿、大腿外側上升，至臀部中點環跳穴，向海底穴會合進尾閭，與關元、氣堂呼吸氣合流，經脊髓內沿督脈上升；即關元、尾閭、夾脊、玉枕、與任脈會合於泥丸，神氣出百會、玄關，與空氣自鼻嘴呼出；吸氣時，神氣又回到任脈，下歸丹田的大周天循環路經。

男女身體前後的陰陽面相反，女生體腔中的循環路經與上方相反；吸氣時，神氣沿督脈向下，到氣堂轉前面關元；呼氣時，神氣沿任脈向上會合於泥丸，其他路徑相同。

大周天循環是身心全面運動的門徑，要養成吐納導引大周天循環以靜為主，即意識自覺的靜止狀態，如雙腿站椿式（4-3消化功能促進式）是有效的養成方法之一；除依照下方「每日內修菜單」進行運動外，可在早晚方便的時候，隨時隨地雙腿站椿的靜站練習，這時雙腿站椿的重點，在意識自覺的身心全面放鬆，全身重量下放在兩腿的腳掌著地處，雙腿、膝蓋都須鬆開，腦、脊髓意識自覺的隨著呼吸，同步大周天練習養成。

依隨腹式呼吸「以心行氣」的神氣周天活動，覺性貫串全身周天養成，同時帶動心血活絡全身；這呼吸活動的

周天帶動心血循環,與血氣活絡全身組織的健康狀態,也是莊子形容健康者、真人的呼吸,依隨呼吸的「神氣」活動及於腳踵,神氣之「其息深深、息之於踵」的形容。

呼吸氣與神氣活動串聯,蹤向周天循環是一個重要修程,是全身上下導引,進階氣斂入骨修程的根基;神氣上下縱向導引活動自如,再加入腹部小周天,與雙手導引的上身周天,擴大氣血活絡進階,加強腹部丹田活動與上身循環,向氣血活絡全身的健康狀態發展。

5-2-2　腹部小周天

此時習者的運動時程,承前的呼吸氣、神氣,已經橫膈膜向下的氣存丹田;腹腔中的各種器官功能、大小動靜脈、組織血氣,隨著腹式呼吸、內臟運動的活絡,下丹田內臟組織代謝、神氣熱絡感知,這下丹田關元的神氣暖流,再以意識自覺導過尾閭關上升進氣堂;或女生從氣堂,以意識自覺下導,經尾閭關向前、上升進關元。

當吸氣至下丹田中氣足後,下丹田自覺的將暖流下引海底穴,在海底穴(尾閭關)部位自覺片刻、導過尾閭關向上到腎室,即命門穴(脊髓與肚臍相對點)內側的氣堂;使組織血氣活絡暖流的「神氣」隨吸氣進展,像吸氣充滿了氣堂的樣子;在呼氣時歸向大周天沿督脈上升。女生相反,從氣堂吸足氣後,在海底自覺片刻,經尾閭向前上進關元。

這是周天縱向導引的腹部小循環,使氣堂的腎臟組織血氣活潑熱絡,是道家的「築丹的練腎養精法」,道家以

關元穴為生門、命門穴為死門、會陰的海底穴是生化之門；腹部小循環進階，是腎臟的健康運動，此段是腎臟、秘尿系統運動、健康之所在。

腹部小循環是例述，也是身體各器官、功能部位，組織血氣活絡的方法，如停留在內臟某器官自覺，或如在眼睛、視覺感官的自覺停留，或耳朵等功能組織自覺停留，都是該部位組織血氣活絡的促進，提升部位功能，或有功能病變的復健方法；習者可以自我反三的應用。

5-2-3　上身周天

道家的小周天，是呼氣隨著腹部小循環延續向上，沿著督脈即尾閭關、命門穴上升，過了兩臂骨關節，與脊椎連接處的夾脊關，至脊骨最上端的大椎穴，上走玉枕關，進泥丸出百會穴、上丹田；吸氣同大周天經咽下行中丹田的任脈下降關元，形成上身小周天循環。

人體組織的血氣本來就通的，只因各種意識流相互干擾，或有些蘊積意識阻礙，使之不是很流暢；如果血氣不通，身體馬上會出大事，組織細胞完全得不到營養即壞死！在前面已提過，這運動的心血管流量數倍提升，大部分身體組織在意識自覺鬆放，組織微循環血氣也同步活絡提升；若有部分習者還沒能做到身心全面性的意識自覺鬆放狀態，身體組織部份意識狀態尚有緊張習慣存在，如冬天在室外做運動，手掌冰涼感覺時，借助周天循環路徑，呼氣時，「氣」沿督脈向上，過夾脊關至大椎穴一分為三，兩路向雙臂沿手臂內側朝手掌心勞宮穴放出；另一路

依然向上過玉枕關進泥丸。吸氣時雙臂掌心進氣，順手背外勞宮穴，沿手臂外側，到肩膀轉進天突穴（咽喉下方），會合任脈下行關元；雙臂意識自覺的鬆放，增加血氣流量，於冬天時季，可消除掌指冰涼；實際上如在站樁式的雙手平舉，雙臂若有維持意識自覺，意識鬆放向覺的活潑發展，自覺的新習慣養成，即能達到同樣效果。

5-3 每日內修菜單

　　人體內在器官、組織覺性貫串的周天導引，之初內臟覺性惟微的隱在、極其不明顯，須在前面已養成的腹式呼吸活動基礎上，以深長緩慢呼吸，與緩慢的身心運動招式配合養成；內臟以腹式呼吸的緊鬆兩極活動，提升心血循環與內勁養成的運動，漸進以內臟主導外在身、肢，緩慢的陰陽互換運動，加重全身運動量與耗氧；在身心層面上，不參與運動或待動組織，全面意識自覺鬆放，是內在各種意識流的澄靜、覺性活潑的趨向；亦即化解意識蘊存、生性趨向純覺活潑發展。

　　運動中的緩慢深長呼吸、與內在意識自覺的「神氣」，在中丹田、心腎間，或已經橫膈膜自覺導引，氣存下丹田的關元，悉依大周天路經導引向雙腳心，與頭部泥丸的縱向周天循環運動；在尾閭內含、腹腔內臟在呼吸鬆、緊運動，與腰薦部神經活絡、靜脈血流加快流動，腹腔各器官組織頻繁活躍，代謝熱絡的凝聚氣團，形成氣堂、關元「氣」的暖流，是自律功能活絡的本然起始，使

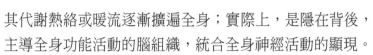

其代謝熱絡或暖流逐漸擴遍全身；實際上，是隱在背後，主導全身功能活動的腦組織，統合全身神經活動的顯現。

自律領域若以「人心」的用心、用意導引，反而會產生內在干擾、阻礙血氣活動，要把「人心」全面鬆放，以意識自覺要領導引養成；依下方安排的運動招式同步內外雙修，日久前述關元暖流，自然能逐漸轉過尾閭進入氣堂，或女生從氣堂經尾閭前進關元，血氣活絡擴遍全身，都是水到渠成的事；進程都在循序漸進、身心本然的開展，這意識自覺主導內在自律功能運動是人體本能的安排。

拳術內修、內勁根基養成，貴在有恒心的每日做運動，若能清晨在自家附近公園做運動最佳，或飯後1.5小時之外任何時間、地點都可以做運動，主旨在身體運動的耗氧，不在於高氧空氣或地點。

下面安排的每日內修菜單，是每日的熱身運動，也是內勁根基養成，在身心全面意識自覺，與大周天吐納導引輔助下，緩慢運動與耗氧的自我修習。

星期一：內臟全面運動日

（1）內臟運動練習式（參看54頁）的向前、向左、向右彎腰半坐勢：

*4－2－1－1至4－2－1－5預備式後；向前彎腰、半坐勢各做三次；向左轉身彎腰、轉正半坐勢，向右轉身彎腰、轉正半坐勢的循環做三次；接（2.）項：

（2）內臟全面運動式（參看67頁）的抱虎歸山勢：

*4－4－4至4－4－9抱虎歸山勢做九次；接（3.）項：

　（3）左右打腰式：各50次如下：

【左右打腰式】：

　1. 開始（圖187），微坐、左腿退後半步，全身重心坐實左後腿，右前腳跟微提虛放（圖188）──吸氣。

圖187

圖188

　2. 半坐左後腿、全身鬆放，重心落實左後腳掌著地處──呼氣。（圖189）

圖189

3. 左後腿起直同時，腰轉向左、身隨腰轉、頭部不轉，左手打右後腰、右手打左前腰；頭部維持向前、兩眼自覺朝前方平視。（圖190）

圖190

4. 左後腿再半坐落實、腰胯向右轉正，身隨腰轉、右手打左後腰、左手打右前腰；頭部依然向前、眼視前方。（圖191）

圖191

5. 如3、4項，重複轉腰、打腰運動，身隨腰轉、做腹部深長呼吸，前後打腰50次。（同圖190～圖191）

圖190　　←　50次　→　　圖191

131

6. 身體轉正、雙手放下（圖192）；站直、收回左後
腿（圖193）。

圖192　　　　　→　　　　　圖193

7. 然後，換右腿退後一步，重心落實右後腿、腰胯
半坐，左前腳跟微提、虛放──吸氣。（圖194）

圖194

8. 接著，依5項的相反方向，身隨腰轉、做腹式呼吸，前後打腰50次。（圖195～圖196）

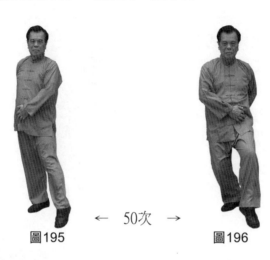

←　50次　→

圖195　　　　　　　　圖196

9. 身體轉正、雙手放下（圖197）；收右後腿、吸氣、站直（圖198）：

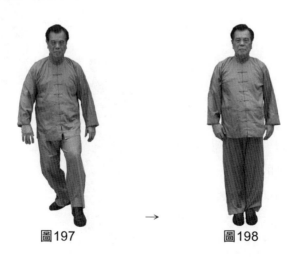

→

圖197　　　　　　　　圖198

（4）向前彎腰式：退左腿、退右腿，向前彎腰各27次：

【向前彎腰式】：

1. 左腿退後半步、全身重心坐實左後腿，右前腳跟微提、虛放，雙手掌心向後——吸氣。（圖199）

圖199

2. 左後後腿半坐、重心落實腳掌著地處——呼氣。（圖200）

圖200

3. 左後腿再微微下坐、小腹緊縮內凹，同時哈出腹腔的空氣，隨縮腰上身趨向前方呈彎腰狀，兩手本然的向前方擺出90度——呼氣。（圖201）

圖201

4. 半坐左後腿微起、小腹放鬆，上身隨腰起直，恢復2項、雙手掌心向後狀——吸氣（圖202）；接著，如3項、收小腹向前彎腰——呼氣（圖203），此兩項反覆做向前彎腰式27次。

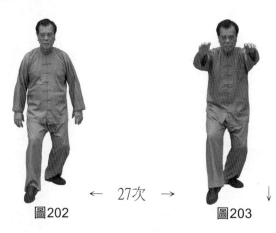

← 27次 →

圖202　　　　　圖203

5. 放下雙手、上身轉直——吸氣（圖204），收左後腿、兩腳尖併攏，身體轉正——呼氣（圖205）。

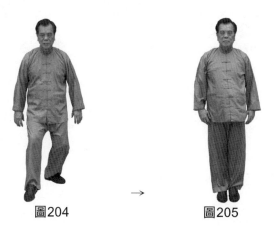

→

圖204　　　　　圖205

6. 再退右腿、半坐，身體重心落實右後腳掌，左前腿虛放，雙手掌心向後──呼氣。（圖206）

7. 然後，依隨3、4項的反向，再做縮小腹、向前彎腰式27次（圖207、圖208），然後，收右後腿、兩腳尖併攏，身體轉正──呼氣（圖209）。

圖206

←27次→

圖207

圖208

→

圖209

（5）收勢：兩腳微彎、呼出一口氣，原地踏：大腿前提90度，兩手向前、向後擺動180度，自然呼吸、踏30次做收勢。

星期二：身心運動日

（1）內臟運動練習式：向前彎腰、半坐勢做三次；

向左彎腰半坐勢、向右彎腰半坐勢循環做三次，如前。

（2）身心運動養成式（參看104頁）的彎腰扳腿、蹬腳式：

*依圖4－7－3至4－7－19的要領與場地調配做彎腰扳腿、蹬腳式九次以上；

（3）左右打腰式各50次，如前。

（4）頭部後仰、向後彎腰式，退左右腿，各做27次：

【向後彎腰式】：

1. 左腿退後半步、腳掌全面著地，全身重心落實左後腿，右前腳跟微提虛放，雙手掌心向後，上身中正鬆放——吸氣。（圖210）

圖210

2. 腰胯下坐左後腿，重心落實後腳著地處、收尾閭，上身鬆放中正、含胸拔背——呼氣。（圖211）

圖211

3. 上身隨頭部後仰、閃避狀，向後彎腰、腰胯再微向後腿下坐，全身脊骨、腰腿向後彎弓呈向鐵板橋，雙手臂自然前提90度──呼氣。（圖212）

圖212

4. 腰脊貫串、上身反彈向前，兩手下放微擺向後──吸氣（圖213）；再如前（3）項、向後彎腰式（圖214），此項重複做27次；放下雙手、上身轉直──吸氣（圖215），收左後腿、兩腳尖併攏，全身站立──呼氣。（圖216）

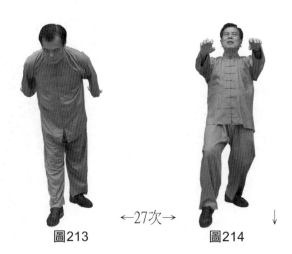

圖213　←27次→　圖214

圖215 → 圖216

5. 右腿退後半步、全身重心坐實右後腳掌，左前腳根微提虛放，雙手掌心向後——吸氣。（圖217－A、B）

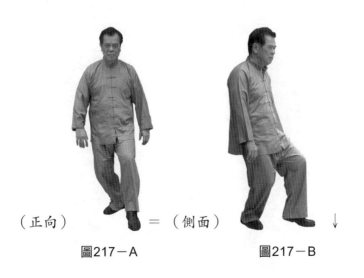

（正向） ＝ （側面） ↓

圖217－A　　　　圖217－B

139

6. 接著如前3項要領，向後彎腰勢──呼氣。（圖218－A、B）

（正向）　　＝　（側面）

圖218－A　　　　　　　圖218－B

7. 腰脊貫串、上身反彈向前，兩手下放微擺向後─吸氣（圖219）；重心坐實右後腳掌著地處，再做後彎腰如前3項要領─呼氣（圖220）：此項重複做27次。

←27次→

圖219　　　　　　　圖220

8. 放下雙手、上身轉直——吸氣（圖221），收右後腿、兩腳尖併攏，全身站立——呼氣（圖222）：

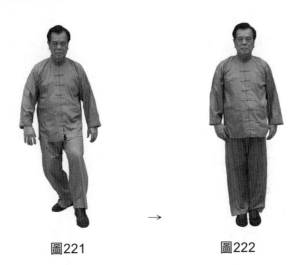

圖221　　　　　　　→　　　　　　圖222

（5）收勢：兩腳原地踏、大腿前提90度，兩手一同向前向後上擺180度的踏30次做收勢。

星期三：心肺功能運動日

（1）內臟運動練習式：向前彎腰、半坐勢各做三次，向左半坐勢、向右彎腰半坐勢循環做三次，如前。

（2）心肺功能促進式（參看77頁）的前向左、右單腿站樁式，向左、向右單腿站樁式，兩側離地單腿站樁式，每一個方向、姿式各站樁三分鐘以上。

（3）左右打腰式：左右各50次，如前。

（4）單腿跪化式，向左、向右各18次如下：

【左、右單腿跪化式】：

1. 左腿退後半、腳掌全面著地，全身重心落實左後腿、右前腿腳跟微提、虛放，雙手掌心向後，上身中正鬆放──吸氣。（圖223）

圖223

2. 腰身向左轉90度、彎腰下蹲，左手掌微握置腰背上，右手掌微握隨腰身向下著向地面，形成右腿鬆放屈膝蹲跪狀，化解上身受攻擊危機的左向單腿跪化──呼氣。（圖224）

圖224

3. 左單腿、腰身起直轉正，右前腿維持虛放、上身中正──吸氣。（圖225）

圖225

4. 接著2.、3項動作，重複左向單腿跪化式，連續做18次以上（圖226、227）；重心移於右前腿、收回左後腿——吸氣。

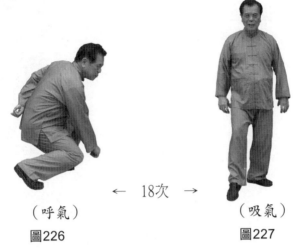

←　18次　→

（呼氣）　　　　　　　（吸氣）

圖226　　　　　　　　圖227

5. 收左後腿、兩腳尖併攏，全身站立——呼氣。（圖228）

圖228

6. 右腿退後半步、腳掌全面著地落實重心，左前腿腳跟微提、虛放，雙手掌心向後，上身中正鬆放──吸氣。（圖229）

圖229

7. 接著如前要領，右向單腿跪化──呼氣（圖230），與如前4項起直──吸氣（圖231），此項右向單腿跪化式，連續做18次以上；重心移於左前腿、收回右後腿，身體站立──吸氣（圖232）。

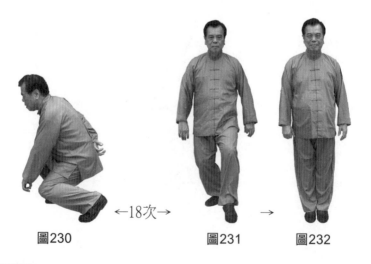

圖230　　←18次→　　圖231　　→　　圖232

（5）收勢：兩腳原地踏步、大腿前提90度，兩手一同向前向後上擺180度的踏30次做收勢。

星期四：內臟全面運動日

（1）內臟運動練習式：向前彎腰半坐勢各做三次，向左彎腰半坐勢、向右彎腰半坐勢循環各做三次，如前。

（2）內臟全面運動式：抱虎歸山勢九下，如前。

（3）左右打腰式：各50次，如前。

（4）縮腹向前、彎腰式：左右各27次，如前。

（5）收勢，如前。

星期五：身心運動日

（1）內臟運動練習式：向前彎腰、半坐勢各三次，向左彎腰半坐勢、向右彎腰半坐勢循環做三次，如前。

（2）身心運動養成式：彎腰扳腿、蹬腳勢九次以上，如前。

（3）左右打腰式：各50次，如前。

（4）頭部向後、彎腰式：左右各27次，如前。

（5）收勢：兩腳原地踏、大腿前提90度，兩手一同向前向後上擺180度的踏30次做收勢。

星期六：健腸壯胃日

（1）內臟運動練習式向前、向左、向右彎腰半坐勢各做三次，如前。

（2）健腸壯胃式：收尾閭下勢三式（參看90頁），

每式左右各做三次以上。

　　*4－6－1－1至4－6－1－9、4－6－2－1至4－6－2－8、4－6－3－1至4－6－3－10。

　　（3）左右打腰式50次，如前。

　　（4）單腿跪化式：左右各18次，如前。

　　（5）收勢：兩腳原地踏步、大腿前提90度，兩手一同向前向後上擺180度的踏30次做收勢。

　　以上的運動時程，主旨在內臟組織運動，微循環血氣全面活絡，關係內在意識的惟微層面，須在意識自覺主導大周天循環，使覺的擴展、覺知的「神氣」顯現，進而內在覺性貫串，純覺的神氣活潑，擴及全身組織；這身心加重運動、耗氧，與意識自覺新習慣養成，鬆及全身組織細胞，是一段較長的運動修程，各種動作招式、部位互換運動進行間，所強調的方法、要領，貴在招式做徹底，沒有提及的部位都須不動的養鬆；使不參與運動的身體組織，覺性本然的真鬆，是組織微循環活絡、細胞代謝活潑的根基。

6. 秘傳基本拳法

腹式呼吸與身心、內臟各式運動,是楊家祕傳太極的內功基礎運動,靜態的內臟養成運動時段,經緩慢深長丹田吐納,與全身周天神氣導引循環,已有相當心得、習慣;向擴及內臟全面性運動內修進階,內在平滑肌群力勁成長,雙腿勁道已有某程度的支撐能力。

進入秘傳拳術招式學習、拳架運動,身心要領是內臟運動養成階段的延伸,從腹式呼吸各基礎動作,進入身肢動態的拳架運動,經單腿著力的連貫性重力運動,達到身心全面健康;仍須依「腹式呼吸」修程,內臟各運動式安排的每日菜單做為每天拳架學習前的熱身運動;加強丹田主導內臟全面運動,與提升身體下盤、腰腿支撐能力。

6-1 基本架勢拳譜 （依家師親授拳招順序）

「基本拳法」是入門太極拳術的基礎拳架,取材自拳術中的:掤、攦、按、擠、採、挒、肘、靠的八種手法,與前進、後退、左顧、右盼、中定五種步法,共有十三式,所以,又稱十三勢,「基本拳法」拳譜如下:

（一）預備式　起勢

（二）第一個四正方：

（1）右轉身（90度）、右掤手、右攬雀尾、右如封似閉。

（2）左後轉身（180度）、左掤手、左攬雀尾、左如封似閉。

（3）再右轉身90度，招式如同（1）。

（4）再左後轉身180度，招式如同（2）。

（三）第二個四正方：

（5）右轉身（90度）、右採手、右摟膝拗步、右手抱琵琶。

（6）左後轉身（180度）、左採手、左摟膝拗步、左手抱琵琶。

（7）續前，再右轉身90度、重複（5）招式。

（8）再左後轉身180度、招式如同（6）。

（四）四斜方：

（9）右轉身（135度）、進步、右採、捌、肘、靠、中定、退步右掤手、攦手、按手、擠手。

（10）左後轉身（180度）、進步左採、捌、肘、靠、中定，退步左掤手、攦、按、擠。

（11）再右轉90度，招式如同（9）。

（12）再左後轉180度、招式如同（10）。

（五）收勢：

（13）右轉（135度）十字手、抱虎歸山、收勢合太極。

6－2　招式活動方位與順序

　　這基本拳法的招式活動順序與方位，古來以五行八卦方向介紹解說，本節改以常人熟悉的，鐘錶時針方位解說之，習者容易入手；依前節的拳譜拳招編號先後、活動方向，列出拳架活動順序（1→13）解說圖如下：

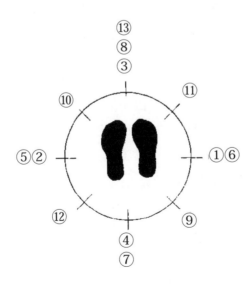

等同下方鐘錶的「時針方位圖」：

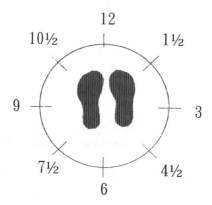

習者面對：12點鐘方向開始，再依拳招順序（1）→
（13），與時針方位依序運動，如下：

（一）**預備式、起勢**：面向12點鐘方向，以（12）標
示之。

（二）**第一個正方**：

（1）：3點鐘方向；以（03）標示。

（2）：9點鐘方向；以（09）標示。

（3）：12點鐘方向；以（12）標示。

（4）：6點鐘方向；以（06）標示。

（三）**第二個正方**：

（5）：9點鐘方向；以（09）標示。

（6）：3點鐘方向；以（03）標示。

（7）：6點鐘方向；以（06）標示。

（8）：12點鐘方向；以（12）標示。

（四）四斜方：

（9）：4 點半方向、右後斜方；以（4 ½）標示。

（10）：10 點半方向、左前斜方：以（10 ½）標示。

（11）：1 點半方向、左前斜方：以（1 ½）標示。

（12）：7 點半方向、左後斜方；以（7 ½）標示。

（五）**收勢：**回歸 12 點鐘方向。

6－3　陰陽腿　開始

　　太極拳架運動，除了雙腿的虛實能分明之外，身體靜態的丹田吐納，緩慢深長呼吸一般與周天循環要領，都須隨著拳架一招一式學習，與身、肢同步互動修持，這丹田吐納、周天循環，與拳架一招一式活動的同步養成，是拳術內外雙修的根本。

　　太極拳招式設計，拳套連貫運動，是依人體身、肢活動的機械本然，由內臟意識自覺主導運動，向內修持並進，都源之於身心功用本能；初學者，宜先求全身筋骨自覺習慣養成，將身心對外使控意識習慣放開，肢體任何部位若有緊張習慣，以意識自覺養成鬆放、去除部位緊張，能意識自覺貫串全身筋骨，腰腿自然輕靈活潑、和諧。

　　拳術的力根在腿，拳架招式變動重心，在樁步的穩固；招式學習或以後修練拳套過程，都須以陰陽腿法的虛實分明，始終維持一腿陰虛、一腿陽實的陰陽腿互動；虛腿的腳跟微提，負責體重的三成，實腿的腳掌全面落實貼地，負責全身重量的七成，陰腿虛、能隨意起落為度，陽

腳實腿彎曲踏實，能機動伸直起勁，足掌全面緊貼地面穩
固全身。

　　步法的移動幅度及兩腳距離、寬度，與肩同寬為尺
度，除了低姿勢之外，初習拳架招式階段，從大開大合的
架式開始學習，減輕虛腿負重，提升實腿對身體的載重
量，來提高學習運動效益；如果全身坐在右腿，則右腿為
實腿、左腿虛；全身坐在左腿，則左腿為實腿、右腿虛；
雙腿虛實分明，轉換自然輕靈，互換自如、節耗體能；這
開合的大小，雙腿的虛實比例，習者可依自身腿力，調節
自己運動量的升降。

7. 基本拳勢學習

　　拳架招式的學習，任何一個動作、招式變化，除意識鬆放自覺外，都要堅守基本姿勢的頭頸、脊髓正直，下顎微收、嘴顎輕咬，沉肩垂肘的形成上身中正，與含胸拔背本然，下身自覺的鬆腰鬆胯，全身意識自覺的舒然狀態提示，及丹田吐納法的各項要領，從頭頂到腳掌不疏忽任何要項，維持身心自覺的鬆放細節。

　　腰部自覺本然，則呼吸氣、神氣自然下沉，使身體重量落向下盤，身心自覺貫串、實腿足掌穩固；這身體、四肢的虛實交互運動，全持腰部轉動配合互換，在意識自覺、意識靜澄，生性貫連、敏覺活潑，全身轉動自然輕靈、便利，如蹲身時注重垂臂，身肢鬆穩、忌僵硬外突。

　　下胯之自覺鬆放、腰胯敏捷，身體、四肢轉動更為合宜；所以拳架運動重心下放於陰陽腿樁步，下盤實腿腳掌的穩固。

　　基本拳勢的拳架招式學習，面向12點鐘方位開始，預備式、起勢如下：

（一）預備式、起勢

Ⅰ.立姿預備，上身中正放鬆、兩眼平視，兩腿宜直、兩腳掌尖併攏。（圖233）

圖233

先呼出一口氣──

Ⅱ.上身不變、兩膝微彎慢慢向下半坐狀，兩手掌心向後。（圖234）

圖234

吸氣──

Ⅲ.左腳跟提起。（圖235）

圖235

IV.左腿向左橫跨一步，間距與肩同寬、重心移於雙腿間；兩腿腳尖微微朝向內側。（圖236）

圖236

圖237

呼氣—

VII.上身中正不變，雙腿兩膝微彎、半坐勢；完成預備式。（圖237）

起勢、吸氣—

I.雙手前提平伸與肩平，掌心向下、雙掌與肩同寬高。（圖238）

圖238

呼氣──

Ⅱ.雙臂微灣、沉肩垂肘，含胸拔背、鬆腰鬆胯半坐狀。（圖239）

圖239

（二）第一個四正方

（1）右轉身（90度）、右掤手、右攬雀尾、右如封似閉（3點鐘方向）。

右向轉90度：

吸氣──

Ⅰ.重心移於左腿起直、右腳跟提起。（圖240）

圖240

Ⅱ.腰身向右轉身90度。
（圖241）

圖241

呼氣—

Ⅲ.坐實左後腿、右腳
尖微收，同時右手半抱、掌
心朝內與心平，左手指向前
貼近右掌。（圖242）

圖242

右掤手：

吸氣—

Ⅰ.上身中正、雙手姿
勢不變，左後腿起直、右大
腿提平。（圖243）

圖243

Ⅱ.左腿微坐、右腿向前進
半步,腳跟著地。(圖244)

圖244

呼氣──

Ⅲ.左後腿起勁、直覺
貫腰脊,放下右前腳掌、輕
提腳跟虛放,腰脊內勁貫雙
手、順勢向前掤出與腋平。
(圖245)

圖245

右攬雀尾:

吸氣──

Ⅰ.坐實左後腿,右前
腿虛放,左手下放旋向左
側、掌心向上,身隨腰胯右
轉的同時,右手向右方肩
高移動、掌心向下。(圖
246)

圖246

圖247

Ⅱ.腰胯續向右轉動、左腿續下坐，右手下旋向右腿側、掌心向上，同時左手旋向左上方、掌心向下，雙手掌心相對狀。（圖247）

圖248

Ⅲ.雙手原勢隨腰身轉左側方，雙手微抱於左側、掌心相對。（圖248）

Ⅳ.身手隨腰胯又向轉正，重心半坐左後腿，雙手移近身前，右手在下、掌心向內微抱，左掌在上、掌指向下，護於右腕上方。（圖249）

圖249

呼氣─

V.左後腿勁根起、經腰脊貫串,輕提右前腳跟,隨身勢前移,左手貼於右腕、順勢向前擠出。(圖250)

圖250

圖251

右如封似閉:

吸氣─

I.右掌心前翻向上方,雙手肘向內收合,隨身勢後移、坐實左後腿。(圖251)

II.雙掌收至胸前;腰身、重心前移,與半坐右前腿,同時右掌心翻向下方、收入左腕下,左後腳跟輕提、虛放。(圖252)

圖252

呼氣—

Ⅲ.右前腿起直、勁根上
貫腰脊，左腿腳尖收至右腳
跟後著地同時，掌心向下左
手、經右手上方向前推出，
右掌護於左肘下方。（圖
253）

圖253

吸氣—

Ⅳ.身體重心移左後腿、
坐實，右前腿轉虛、輕提腳
跟同時，左掌移經右側、收
於左胸前，右手前移收在右
胸前，雙掌前向收於腋前。
（圖254）

圖254

Ⅴ.上身原勢不變，右
腳向前進半步、腳跟著地。
（圖255）

圖255

呼氣──

Ⅵ.左後腿起直、勁根
直覺上貫腰脊同時,放下右
前腳掌、輕提腳跟,腰脊、
身勢前移,兩手順勢向前按
出。(圖256)

圖256

(2)左後轉身(180度、9點鐘方向)、左掤手、左
攬雀尾、左如封似閉:

左後轉身:

吸氣──

Ⅰ.面向3點鐘方向,上
身不變、坐實左後腿,同時
右前腳跟放下、翹起腳尖。
(圖257)

圖257

Ⅱ.右前腳尖隨腰身向左後轉動、內勾，與放下右腳掌，腰身後轉180度、向9點鐘方向。（圖258）

圖258

呼氣—

Ⅲ.身體移向右腿、坐實重心，左腿跟輕提轉虛，雙手肘收合，左手向內半抱，右手掌心向下、護於左腕上方。（圖259）

圖259

左掤手：

吸氣—

Ⅰ.上身中正、雙手原勢不變，右腿起直、左大腿提平。（圖260）

圖260

Ⅱ.腰胯下坐右腿，左腿向前進半步、腳跟著地。（圖261）

圖261

呼氣──

Ⅲ.右後腿起勁、經腰脊向上貫串，放下左前腳掌、輕提腳跟，雙手順身勢向前搠出。（圖262）

圖262

左攬雀尾：

吸氣──

Ⅰ.左前腿腳掌虛放不變，右後腿向下微坐，右手旋向右下側、掌心向上；腰跨左向微升、左手掌心轉向下，呈雙掌心相對狀。（圖263）

圖263

II.右腿續下坐、腰胯
續向左升，左手下旋向左腿
側、掌心向上，右手旋向右
上方、掌心向下與右肩平。
（圖264）

圖264

圖265

III.身隨腰轉，雙手隨
腰身右轉，高低合抱於右
側。（圖265）

IV 身手隨腰胯向左轉正，
重心坐實右後腿，雙手移近身
前；左掌心內向半抱，右掌
朝前、護於左掌心上。（圖
266）

圖266

呼氣─

Ⅴ.右後腿起直、勁根貫
經腰脊雙臂,左前腳跟輕提,
右手貼於左腕順勢向前擠出與
腋平。（圖267）

圖267

左如封似閉：

吸氣─

Ⅰ.左掌心前翻向上方,
雙手肘內收合,坐實右後
腿。（圖268）

圖268

Ⅱ.全身重心前移左腿、
微坐同時,雙掌收至胸前、左
掌心翻轉向下收入右腕下方。
（圖269）

圖269

呼氣——

Ⅲ.左腿起勁同時，右
腳收至左腳側跟、腳尖輕
放，右手順勢向前推出，
左手護於右肘下方。（圖
270）

圖270

吸氣——

Ⅳ.身體重心下坐右腿，
左腿轉虛、輕提腳跟同時，
右掌經左側移收右胸前，左
掌前移收於左胸前，雙掌心
向前、腋前同胸寬。（圖
271）

圖271

Ⅴ.上身原勢不變，左
腳向前進半步、腳跟著地。
（圖272）

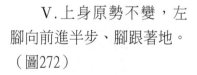

圖272

呼氣──

Ⅵ.右腿起直、勁貫腰脊雙臂，放下左前腳掌、輕提腳跟，雙手隨身勢向前、順勢按出。（圖273）

圖273

（3）再右轉身90度，重複同（1），轉向12點鐘方向。

右轉身90度：

吸氣──

Ⅰ.延續（2）項、面向09方向；上身不變，放下左前腳跟、腳尖翹起，重心坐實右後腿。（圖274）

圖274

Ⅱ.左前腳掌隨腰身右轉、放下腳掌，與右手下放於右腿前。（圖275）

圖275

圖276

呼氣—

Ⅲ.上身原勢、身體重心左移，與面向12點鐘，下坐左腿，右腿轉虛。（圖276）

右掤手：

吸氣—

Ⅰ.左腿起直，右大腿提平同時，右手掌心朝內、半抱上提，左掌指貼近右掌上與心平。（圖277）

圖277

Ⅱ.腰胯下坐左腿，右腿前進半步、腳跟著地。（圖278）

圖278

呼氣─

Ⅲ.左後腿起直、勁根貫串腰脊，直覺通雙臂、雙手順勢向前掤出與腋平。（圖279）

圖279

右攬雀尾：

吸氣─

Ⅰ.身體重心落實左後腿、半坐，右前腿腳跟輕提、虛放，左手下放旋向左側、掌心向上，身隨腰胯向右微升同時，右手肩高移動、掌心向下。（圖280）

圖280

Ⅱ.左腿續下坐、腰胯繼續右轉，右手下旋向右腿側、掌心向上，左手互動旋向左上方、掌心向下與左肩平。（圖281）

圖281

圖282

Ⅲ.上身、雙手原勢，隨腰胯左轉、左側雙手掌相對合抱狀。（圖282）

Ⅳ身手隨腰胯轉正、重心落實後腿，雙手互動移近身前；右掌心朝內、合抱狀，左掌心朝下、指尖貼護於右腕上方。（圖283）

圖283

呼氣──

　Ｖ.左後腿勁根起、直覺貫經腰脊雙臂，左手貼於右腕原勢、順勢向前擠出。（圖284）

圖284

圖285

右如封似閉：

吸氣──

　Ｉ.右掌心前翻向上方，雙手肘向內收動，坐實左後腿。（圖285）

圖286

　Ⅱ.左腿半坐、雙掌收至胸前，然後，右掌心翻轉向下、收入左腕下，全身重心前移右腿，左後腳跟輕提、虛放。（圖286）

呼氣—

　Ⅲ.右前腿起勁，左腳尖收至右腳跟後著地，身勢趨前，向前左手掌、順勢向前推出，右掌隨護左肘下方。（圖287）

圖287

吸氣—

　Ⅳ.身體重心移於左腿、微坐，輕提右腳跟、虛放，左手回收左胸前，右手外移互動，雙手掌心向前、移收腋前同胸寬。（圖288）

圖288

　Ⅴ.上身原勢不變，下坐左後腿，右腳向前進半步、腳跟著地。（圖289）

圖289

173

呼氣──

Ⅵ.左後腿起直、勁根貫
腰脊雙臂，右前腳掌落地、
輕提腳跟，同時兩掌順勢向
前按出。（圖290）

圖290

（4）續前，再左後轉身180度，重複同（2）。（6點
鐘方向）

左後轉身：

吸氣──

Ⅰ.延續（3）項、面向
12點鐘方向；重心坐實左後
腿同時，右前腳跟放下、腳
尖提起。（圖291）

圖291

Ⅱ.右前腳尖隨身左向轉動、內勾，腰身後轉180度、趨向6點鐘方向，放下右腳掌。（圖292）

圖292

呼氣——

Ⅲ.重心坐實右腿，輕提左腳跟、虛放，腰身轉向6點鐘、雙手肘收合。（圖293）

圖293

左掤手：

吸氣——

Ⅰ.上身中正，右後腿起直、左大腿提平同時，左手向內半抱，右手掌心向下、移護左腕上方。（圖294）

圖294

Ⅱ.上身原勢、微坐右腿，左腿向前踏進半步、腳跟著地。（圖295）

圖295

呼氣—

Ⅲ.右後腿起勁、經腰脊雙臂，雙手順勢向前掤出、與腋平。（圖296）

圖296

左攬雀尾：

吸氣—

Ⅰ.腰胯半坐右後腿，虛放左前腿，右手旋向右下側、掌心向上，身隨腰胯左轉同時，左手掌心轉向下、向肩高移動。（圖297）

圖297

Ⅱ.腰胯繼續左轉、右腿續向下坐，左手向下旋至左腿側、掌心向上，右手同步旋向右上方與肩高、掌心向下。（圖298）

圖298

圖299

Ⅲ.上身、雙手隨腰胯向右轉動，雙掌合抱於右側前方。（圖299）

Ⅳ身手隨腰胯轉正、坐實右後腿，雙手移於身前，右掌心向下、掌指朝前，貼合於左掌心。（圖300）

圖300

呼氣──

Ⅴ.右後腿勁根起、經腰脊貫串，右手貼於左腕順勢向前擠出、與腋平。（圖301）

圖301

左如封似閉：

吸氣──

Ⅰ.左掌心前翻向上方，雙手肘向內收合，坐實右後腿。（圖302）

圖302

Ⅱ.全身重心前移左腿、坐實，右腿腳跟輕提同時，雙掌收至胸前，左掌心翻轉向下收入右腕下方。（圖303）

圖303

呼氣—

Ⅲ.左前腿起勁、腰脊貫
雙臂，右腳尖收至左腳側，
同時右手順勢向前推出，左
手護於右肘下方。（圖304）

圖304

圖305

吸氣—

Ⅳ.身體重心右移、半坐右
腿，輕提左腿腳、虛放，同時右
掌沿左側回收右胸前，左掌外移
互動、收向左胸前，雙掌心向前
同胸寬、置腋前。（圖305）

Ⅴ.上身原勢，隨腰胯
向下、坐實右腿，左腳向
前進半步、腳跟著地。（圖
306）

圖306

呼氣──

Ⅵ.右後腿起直、內勁直覺貫腰脊與雙臂,同時放下左前腳掌、輕提腳跟,雙手順身勢向前按出。（圖307）

圖307

（三）第二個四正方

（5）右轉身（90度）、右採手、右摟膝拗步、右手抱琵琶（9點鐘方向）。

右轉身：

吸氣──

Ⅰ.延續（4）、06方向;上身不變,左前腿腳跟放下、身體重心前移,右後腳跟輕提。（圖308）

圖308

呼氣—

Ⅱ.腰身向右轉90度（轉向09方向）、微坐左腿，同時右腿腳尖微收、置左腳掌內側，右手下放右腿前。（圖309）

圖309

圖310

右採手：

吸氣—

Ⅰ.左腳站直，右手右腳同時提起，右手掌指向前與胸平，左手同時下移至右手下方、與右腿之間。（圖310）

Ⅱ.左腿半坐向下、右腿前踏一步，右腳跟著地。（圖311）

圖311

呼氣──

Ⅲ.左後腿蹬直起勁，同時前腳掌落地、輕提腳跟，右手順勢向前下採出、與胯平。（圖312）

圖312

圖313

右摟膝拗步：

吸氣──

Ⅰ.重心落實左後腿、半坐，同時身體左向轉動、右手上揚掌心向後。（圖313）

Ⅱ.身體繼續向左後半轉，左手由後方向上平伸與肩同高，掌心向前，右手向後劃一半圓，前臂平放胸前、掌心向下，眼向後平視。（圖314）

圖314

Ⅲ.上身原勢不變，前方右腿偏右移動半步。（圖315）

圖315

圖316

Ⅳ.身體右向回轉、重心移右前腿，右手下摟向右膝前，同時左手上揚至左耳旁。（圖316）

呼氣—

Ⅴ.身體坐實右前腿、蹬直，自覺經腰脊貫串全身；右手摟過右膝，左腿收至右腿跟後、腳尖著地，同時左手掌心向前順勢推出、與肩平。（圖317）

圖317

右手抱琵琶：

吸氣──

Ⅰ.右腿微坐，左腳尖移至右腳跟的右後側，重心慢慢移向左後腿同時，右手上揚至臉前、掌心向左，左手收至右胸前、掌心向右。（圖318）

圖318

Ⅱ.坐實左後腿，右前腳跟輕提、虛放，雙手掌隨身下座、雙手內收。（圖319）

圖319

Ⅲ.右前腿向右方橫移、踏出、腳跟著地。（圖320）

圖320

呼氣—

Ⅳ左腿蹬直起、覺勁貫腰脊，右腳尖落地、腳跟輕提，同時兩手順勢向前送出。（圖321）

圖321

（6）左後轉身（180度）、左採手、左摟膝拗步、左手抱琵琶（3點鐘方向）。

左後轉身：

吸氣—

Ⅰ.延續（5）、面朝09方向；雙手肘微收、隨身體重心落實左後腿，右前腳掌落地、腳尖提起。（圖322）

圖322

Ⅱ.右前腳尖、右手原勢，隨身體轉向左後方180度（轉向3點鐘），右腳掌落地、左手下放左腿前。（圖323）

圖323

呼氣──

Ⅲ.坐實右腿，左前腿腳跟輕提、虛腿微收，雙手微收、右掌在前。（圖324）

圖324

左採手：

吸氣──

Ⅰ.右腳站直，左手、左腳同時提起，左手掌指向前與胸平，右手同時收至左手下方、與左腿間。（圖325）

圖325

Ⅱ.腰胯向下、半坐右腿，左腿前踏一步、腳跟著地。（圖326）

圖326

圖327

呼氣——

Ⅲ.右後腿蹬直、起勁，同時左前腳掌落地、腳跟輕提，左手順勢向前下採出與胯平。（圖327）

左摟膝拗步：

吸氣——

Ⅰ.重心落實右後腿半坐，同時身體右向轉動，左手上揚、掌心向右。（圖328）

圖328

Ⅱ.身體繼向右半轉，右手由後方向上平伸與肩高，掌心向前，左手向後劃一半圓，前臂平放胸前、掌心向下，兩眼向後平視左掌心。（圖329）

圖329

圖330

Ⅲ.上身原勢不變，左前腿向左側前方移動半步。（圖330）

Ⅳ身體向左回轉同時，重心移左前腿，左手下摟近左膝前，右手上揚至右耳旁。（圖331）

圖331

呼氣—

　　V.身體坐實左前腿，同時左手摟過左膝，右腳尖收至左腿跟後著地，同時左手掌心向前順勢推出、與肩平。（圖332）

圖332

左手抱琵琶：

吸氣—

　　I.左腿微坐，右腳尖移至左腳跟的左後側，重心慢慢移向右後腿同時，左手上揚至臉前、掌心向右，右掌收至左胸前、掌心向下。（圖333）

圖333

　　II.重心後坐右腿，前腿跟輕提、虛放，雙掌隨身互動、雙手肘向下收合。（圖334）

圖334

Ⅲ.左腿向前方踏出一步、腳跟著地。（圖335）

圖335

呼氣──

Ⅳ.右腿蹬直、起勁貫腰脊，左腳尖落地、腳跟輕提，同時兩手原狀順勢向前送出。（圖336）

圖336

（7）再右轉身90度，重複同（5）、（6點鐘方向）。

右轉身90度：

吸氣──

Ⅰ.續前（6）、面朝03方向；上身不變，放下左前腳跟、翹起腳尖，身體重心坐實右後腿。（圖337）

圖337

呼氣—

II.左前腳尖、隨腰身右轉90度，腰身轉向6點鐘方向，放下左腳掌，身體重心移左腿，右手下垂右腿前。（圖338）

圖338

圖339

右採手：

吸氣—

I.左腳站直，右手、右腳同時提起，右手掌指向前與胸平，左手同時下移至右手下方、與右腿之間。（圖339）

II.左腿向下半坐、右腿前踏一步，右腳跟著地。（圖340）

圖340

呼氣—

Ⅲ.左後腿蹬直起勁,同時右前腳掌落地、腳跟輕提,右手順勢向前下採出與胯平。(圖341)

圖341

圖342

右摟膝拗步:

吸氣—

Ⅰ.重心落實左後腿、半坐,同時身體左向轉動,右手上揚掌心向左。(圖342)

Ⅱ.身體繼向左半轉,左手掌由後方向上平伸,與肩高、掌心向前,右手向後劃一半圓,前臂平胸前、掌心向內,兩眼向後平視。(圖343)

圖343

Ⅲ.上身不變，右腿向右側前方移動半步。（圖344）

圖344

圖345

Ⅳ.身體向右回轉同時，重心漸移右前腿、右手向右膝前下摟，左手上揚至左耳旁。（圖345）

呼氣—

Ⅴ.身體坐實右前腿，蹬直起勁同時，右手摟過右膝，左腿腳尖收落右腿跟後，左手順勢向前推出與肩平。（圖346）

圖346

右手抱琵琶：

吸氣──

Ⅰ.右腿微坐，左腳尖移至右腳跟的右後側，重心慢慢移向左後腿同時，右手上揚至臉前、掌心向左，左手收至右胸前、掌心向下。（圖347）

圖347

Ⅱ.坐實左後腿，右前腿腳跟輕提、虛放，雙手掌隨身勢後坐、雙手肘向下收合。（圖348）

圖348

Ⅲ.右腿向前方踏出一步、腳跟著地。（圖349）

圖349

呼氣—

Ⅳ左腿蹬直起勁、直
覺經腰脊，右腳尖落地、腳
跟輕提同時，兩手順勢向前
送出。（圖350）

圖350

（8）再左後轉身180度、重複同（6），（12點鐘方向）。

左後轉身：

吸氣—

Ⅰ.續前（7）、面朝06
方向；雙手肘微收、隨身體
重心落實左後腿，右前腳尖
提起。（圖351）

圖351

Ⅱ.右前腳尖、右手勢，隨身體轉向左後方180度（轉向12點鐘），落實右腳掌，左手下放左腿前。（圖352）

圖352

圖353

（以上，右側面照片）

呼氣──

Ⅲ.坐實右腿，左前腿腳跟輕提、虛腿微收，雙手微收、右手在前。（圖353）

左採手：

吸氣──

Ⅰ.右腳站直，左手、左腳同時提起，左手掌指向前與胸平，右手同時下移至左手下方、與左大腿間；12點鐘正面照，以下同。（圖354）

圖354

II.腰胯下坐、半坐右腿，左腿前踏一步、腳跟著地。（圖355）

圖355

呼氣—

III.右後腿蹬直、起勁，同時左前腳掌落實、輕提腳跟，左手順勢向前下採、胯平採出。（圖356）

圖356

左摟膝拗步：

吸氣—

I.重心落實右後腿半坐，同時身體右向轉動，左手上揚掌心向右。（圖357）

圖357

Ⅱ.身體繼續向右半轉，右手由後方向上平伸與肩同高，掌心向前，左手向後劃一半圓，前臂平胸前、掌心向內，兩眼向後平視。（圖358）

圖358

圖359

Ⅲ.上身原勢不變，左腿向左側前方移動半步。（圖359）

Ⅳ身體向左回轉同時，重心移左前腿，左手下摟向左膝前，右手上揚至右耳旁。（圖360）

圖360

呼氣—

Ⅴ.身體坐實左前腿，同時左手摟過左膝，右腿收至左腿跟後、腳尖著地，同時左手掌心向前順勢推出與肩平。（圖361）

圖361

左手抱琵琶：

吸氣—

Ⅰ.左腿微坐，右腳尖移至左腳跟的左後側，重心慢慢移向右後腿同時，左手上揚至臉前、掌心向右，右掌收至左胸前、掌心向下。（圖362）

圖362

Ⅱ.坐實右後腿，左前腿腳跟輕提、虛放，雙手隨身向後半坐、雙手向內微收。（圖363）

圖363

Ⅲ.左腿向前方踏出一步、腳跟著地。（圖364）

圖364

呼氣─

Ⅳ.右腿蹬直起勁、直覺貫串腰脊，左腳尖落地、腳跟輕提同時，兩手順勢向前送出。（圖365）

圖365

（四）四斜方

（9）右後轉身（135度）、進步、右採、挒、肘、靠、中定、退步右掤手、攦手、按手、擠手（4點半鐘方向）。

右轉身：

吸氣—

Ⅰ.承前（8）項、面向12
點鐘；放下左前腳跟、提起
腳尖，腰身微坐右後腿。（圖
366）

圖366

Ⅱ.左手、左腳掌，隨腰
身向右後轉135度（4½），然
後左腳掌落地、重心移向左
腿，右手下落右腿側。（圖
367）

圖367

呼氣—

Ⅲ.左腿微坐，右腳尖微
收、虛放，左手肘收合、掌
指向前，右手微收置腹側、
面向（4½）。（圖368）

圖368

201

進步右採手：

吸氣──

Ⅰ.左腳站直、腰身中正，右手、右腳同時提起，右手掌指向前與胸平，左手在右手下方、與右大腿間。（圖369）

圖369

Ⅱ.下坐左腿，右腿前踏一步、右腳跟先著地。（圖370）

圖370

呼氣──

Ⅲ.左後腿蹬直、起勁，同時放下右腳掌、輕提腳跟，右手隨身勢趨前、向前下採出。（圖371）

圖371

進步　捌手：

吸氣—

Ⅰ.身體重心前移向右腿，左腿進一步、腳尖著地，左手向前伸出、掌心向上同胺高，右手肘收合、隨腰身向後，掌心在左胸前與左掌相對狀。（圖372）

圖372

圖373

呼氣—

Ⅱ.右後腿微坐，腰身轉正趨向左前方、左前腿腳跟同轉，腰胯扭轉勁道傳達右掌前推，左手隨腰身扭勁回收，形成雙掌對捌勁道。（圖373）

進步肘、靠：

吸氣──

Ⅰ.身體前移左前腿、半坐，右腿輕提腳跟、虛放，雙手向前順勢下放。（圖374）

圖374

圖375

Ⅱ.左腿站直，右大腿提平同時，雙手上提、前臂平移胸前，右手握拳，左手掌心抵於右拳背。（圖375）

Ⅲ.微坐左腿，右腳向右側前方踏出一步，右腳跟著地。（圖376）

圖376

呼氣——

Ⅳ.左腿蹬直、勁根起，放下右腳掌、輕提腳跟，同時左手推動右拳，右肘承腰脊自覺貫串，向右側方順勢肘擊出去。（圖377）

圖377

Ⅴ.右手垂至右腿內側，胯向左後移、腰向右前側下折，右肩向右前側靠出，左手拇指在右腋下、虎口貼於右肩、掌心向前，右腳跟輕提不變，重心在左後腿。（圖378）

圖378

收腿中定：

吸氣——

Ⅰ.身體重心前移右腿，左手下按至左腿側，右手向額前上迎，同時左腿前收於右腳內側，左腳尖朝左側方。（圖379）

圖379

呼氣──

Ⅱ.重心移左腿、腰身向下半坐，同時右手上托過頭頂、掌心向上，右腳跟輕提、虛放。（圖380）

圖380

退步右掤手：

吸氣──

Ⅰ.重心轉向右腿、坐實，左腿轉虛、輕提腳跟，右手掌心轉向、下移胸前，掌心向內、半抱狀，左手上提移護右手內側。（圖381）

圖381

呼氣──

Ⅱ.左腿後退、坐實重心；胸前右臂，承接左後腿、腰脊的自覺貫串形成掤手；左手掌指貼護右腕內側。（圖382）

圖382

退步攦手：

吸氣—

Ⅰ.左手、左腿不變，右手、右前腿隨腰身向後退一大步，形成左手前、右掌內的攦手狀。（圖383）

圖383

呼氣—

Ⅱ.落實右後腿腳掌、坐實身體重心，隨身向後移動同時，左手前、右手內的收肘攦手；左前腿跟輕提、虛放。（圖384）

圖384

退步按手、擠手：

吸氣—

Ⅰ.右後腿重心不變，腰胯隨左腿收、退後一步，重心後移左後腿、微坐，雙掌翻轉向下、微收手肘。（圖385）

圖385

呼氣──

Ⅱ.左後腿蹬勁、腰脊貫雙臂，右前腳跟輕提，雙手順勢向前按出。（圖386）

圖386

圖387

Ⅲ.腰身微坐後腿，微收雙臂手肘；右掌翻轉向內，左掌指貼於右掌心。（圖387）

Ⅳ.左後腿再蹬直，腰脊內勁上貫，雙手合掌原勢擠出；重心在後腿。（圖388）

圖388

（10）左後轉身（180度）、進步左採、挒、肘、靠、中定，退步左掤手、擺、按、擠（10點半鐘方向）。

左後轉身：

吸氣—

Ⅰ.承前方向（4½）、上身不變，重心坐實左後腿，翹起右前腳尖。（圖389）

圖389

Ⅱ.右前腿、腳掌，隨腰身向左後方轉180度（10½），右腳掌落地，左手放落左腿前。（圖390）

圖390

呼氣─

Ⅲ.重心移右腿、微坐同時，輕提左腳跟、轉正與微收虛放，左手微收在小腹掌心向右。（圖391）

圖391

進步左採手：

吸氣─

Ⅰ.右腳站直、提起左腳，與左掌上提與胸平，右手移收左手下方、與左大腿之間。（圖392）

圖392

Ⅱ.右腿向下半坐，然後左腿前踏一步、腳跟著地。（圖393）

圖393

呼氣——

Ⅲ.右後腿蹬直、起勁，腰脊內勁直覺貫雙臂，與放下右前腳掌、輕提腳跟，隨身勢趨前、左手順勢向前下採出。（圖394）

圖394

進步左挒：

吸氣——

Ⅰ.放下左腳跟、重心前移，右腿前進一步、腳尖著地，同時右掌心向上、向前插出，左手掌心向前、移收左胸前，雙掌心相對狀。（圖395）

圖395

呼氣——

Ⅱ.重心下坐左後腿，腰胯右向轉動、直覺貫脊臂，左掌向前推出、右掌回收，隨著腰胯扭勢、雙掌對挒。（圖396）

圖396

進步肘、靠：

吸氣─

Ⅰ.身體重心前移、落實右腿，左腿腳跟輕提、虛放，雙手順勢放下。（圖397）

圖397

圖398

Ⅱ.上身、腰胯隨著右腿起直，同時提平左大腿，雙手前臂上提至胸前，左手握拳、右手掌抵於左拳背。（圖398）

Ⅲ.腰胯坐右後腿，左腳向左側前方踏出一步、腳跟著地。（圖399）

圖399

呼氣—

Ⅳ右後腿起蹬，放下左腳掌、輕提腳跟，同時左掌推動右拳、左肘隨身勢，向左側前方順勢擊出。（圖400）

圖400

V.左手掌垂放至左腿內側，胯向右後移、腰向左下折，左肩向左前側靠出；右手母指在腋下、虎口貼左肩、掌心向前，左腳跟輕提不變，重心在右後腿。（圖401）

圖401

收腿中定：

吸氣—

I.放下左前腳掌、前移重心，身體起直，右腿腳尖收置左腳內側，右腳尖朝右側方，同時左手上迎至額前，右手下放右腿側。（圖402）

圖402

呼氣─

Ⅱ.重心移右腿、腰胯下坐，輕提左腳跟、虛放，同時左手上托過頭頂、掌心向上，右掌下按右腿側。（圖403）

圖403

圖404

退步左掤手：

吸氣─

Ⅰ.重心移左腿、輕提右腳跟，翻轉左掌心、手臂下移胸前，右手同時向上移動。（圖404）

呼氣─

Ⅱ.右腳後退一步、落實腳掌，重心後移、腰胯整勁直覺上貫，左臂承接腰脊直覺下掤，右手掌指移護左腕內側。（圖405）

圖405

退步攦手：

吸氣—

Ⅰ.右腿、重心不變，左前腿後退一大步、虛放，腰胯、左手後移；右手前、左手後，掌心前後相對狀。（圖406）

圖406

圖407

呼氣—

Ⅱ.然後，身體重心後移，落實左腳掌、半坐，右腿轉虛、輕提腳跟同時，雙手收肘、向後攦手。（圖407）

退步按手、擠手：

吸氣—

Ⅰ.左腿不變，腰身隨右前腿，向後收、退一大步；重心移落於右後腿、坐實，左前腿轉虛同時，雙手收肘、手掌心向前，與腋平同胸寬。（圖408）

圖408

呼氣─

Ⅱ.右後腿蹬直、起勁，直覺貫腰脊雙臂，左前腳跟輕提同時，雙手順腰勢向前按出。（圖409）

圖409

圖410

Ⅲ.上身、腰胯下坐右後腿，左手掌心反轉向內，右手掌指貼向左掌心。（圖410）

Ⅳ右後腿蹬直、起勁，腰脊直覺貫雙臂，雙掌原勢再次擠出；重心在後腿。（圖411）

圖411

（11）再右轉身90度、其餘同9項（1點半鐘方向）。

右轉身、吸氣—

Ⅰ.承前方向（10½）、上身不變，腰胯坐實右後腿、半坐，與放下左前腳跟、提起腳尖。（圖412）

圖412

圖413

呼氣—

Ⅱ.左手、左腳掌，隨腰身右向轉動90度（1½）；然後左腳掌落地，重心移向左腿、半坐，右腳跟輕提、尖微收虛放，與右手下落右腿側。（圖413）

進步右採手：

吸氣──

Ⅰ.腰胯、左腿站直，右
手、右腳同時上提，右掌指
向前與胸平，左手移右掌下
方與右大腿間。（圖414）

圖414

圖415

Ⅱ.上身原勢下坐胯、半
坐左腿，右腿前踏一步、腳
跟著地。（圖415）

呼氣──

Ⅲ.左後腿蹬直、起勁，
腰脊直覺上貫雙臂，放下前
腳掌、輕提腳跟，右掌隨身
勢趨前、順勢向下採出。
（圖416）

圖416

進步捯手：

吸氣——

Ⅰ.身體重心前移向右腿，左腿前進一步、腳尖著地，左手隨身向前插出、掌心向上同腋高，右手肘收合、掌心在左胸前，與前左掌相對狀。（圖417）

圖417

呼氣——

Ⅱ.右後腿微坐，腰身轉正趨向左前方、左前腿腳跟同轉，腰胯扭轉勁道、直覺傳達右掌前推，左手隨腰身扭勁、直覺回收，形成雙掌自覺對捯轉動。（圖418）

圖418

進步肘、靠：

吸氣——

Ⅰ.腰身前移、半坐左前腿，輕提右腳跟、放虛，雙手向前順勢下放。（圖419）

圖419

Ⅱ.腰胯、左腿站直,與
上提右大腿平,並上提雙手、
兩手前臂平移胸前,右手握
拳,左手掌心抵於右拳背上。
(圖420)

圖420

圖421

Ⅲ.上身原勢、下坐左
腿,與右腳向右側前方、直
線踏出一步,右腳跟著地。
(圖421)

呼氣──

Ⅳ左腿蹬直、勁根上
貫腰脊與雙臂,放下右腳
掌、輕提腳跟,同時左手推
動右拳,與右肘承腰脊內勁
直覺貫串,向右側方順勢肘
擊出去。(圖422)

圖422

Ⅴ.右手垂至右腿內側，胯向左後移、腰向右下折，右肩向右側前方靠出；左手拇指進右腋下、虎口貼於右肩與掌心向前，右腳跟輕提不變，重心在左後腿。（圖423）

圖423

圖424

收腿中定：

吸氣─

Ⅰ.腰身前移右腿，左後腿收至右腳內側，左腳尖微朝左側方；與左手下按至左腿側，右手上迎至額前。（圖424）

呼氣─

Ⅱ.腰胯、重心左移，下坐左腿，右腳跟輕提、虛放，同時右手上托過頭頂、掌心向上，左掌虎口沿左大腿下按。（圖425）

圖425

退步右掤手：

吸氣──

I.重心轉落右腿、坐實，左腿轉虛、輕提腳跟，右手掌心翻轉、向胸前移動，左手上提移護胸前。（圖426）

圖426

呼氣──

II.腰胯、左腿後移坐實重心；下移右臂掌心轉內、半抱胸前，承接左後腿與腰脊內勁，自覺貫串形成掤勢，與左手掌指貼護右腕內側。（圖427）

圖427

退步攦手：

吸氣──

I.左手、左腿不變，右手、腰身隨右前腿向後退一大步，形成左手前、右掌內，雙掌心相對、攦抱狀。（圖428）

圖428

呼氣—

Ⅱ.右後腿腳掌落地、坐實腰身重心；隨腰身向後移動同時，左手前、右手內的收肘向後攦手；左前腳跟輕提、虛腿。（圖429）

圖429

退步按手、擠手：

吸氣—

Ⅰ.右腿重心不變，腰身隨左前腿收、退後一大步；然後，腰胯移落左後腿、半坐重心，雙手收肘、掌心翻向下互動，雙掌內收與兩腋平、同胸寬。（圖430）

圖430

呼氣──

Ⅱ.左後腿蹬直、起勁，
腰脊直覺上貫雙臂，輕提右
前腳跟同時，雙手順勢向前
按出。（圖431）

圖431

Ⅲ.身體重心再後坐左
後腿，右手掌反轉向內，左
手掌指貼於右掌心，雙手肘
微收。（圖432）

圖432

Ⅳ左後腿再蹬直、起
勁，腰脊內勁直覺貫雙臂，
雙掌原勢再次擠出，重心在
後腿。（圖433）

圖433

（12）再左後轉身180度，其餘同10.項（7點半鐘方
向）。

左後轉身：

吸氣—

Ⅰ.延續(11)方向（1½），
上身不變，重心回坐左後腿，
翹起右前腳尖。（圖434）

圖434

圖435

Ⅱ.右腳掌隨腰身向左
後方轉動180度（7½），右
腳掌落地、重心後移，右手
在胸前、掌心左向，左手放
落左腿前側。（圖435）

呼氣—

Ⅲ.重心落實右腿、微
坐，左腳跟輕提、腳掌轉正
虛放，左手微收在小腹前、
掌心向右。（圖436）

圖436

進步左採手：

吸氣──

Ⅰ.右腳站直，左手、左腳同時提起，左手掌上提與胸平，右手在左手下方、與左大腿之間。（圖437）

圖437

Ⅱ.右腿向下半坐，左腿前踏一步、腳跟著地。（圖438）

圖438

呼氣──

Ⅲ.右後腿蹬直、起勁，腰際內勁直覺貫脊臂，同時落實右前腳掌、輕提腳跟，隨身勢趨前、左手順勢向前下採出。（圖439）

圖439

進步捌：

吸氣—

Ⅰ.放下前腿腳跟、重心前移，右後腿向前進一步、腳尖著地，同時右掌心向上、肘高向前插出，左手掌心向前、移於左胸前；形成雙手掌心相對狀。（圖440）

圖440

呼氣—

Ⅱ.左後腿微坐，腰胯右向扭轉，腰際內勁直覺傳達左掌向前推出，右手隨腰身扭勢同步回收手掌，雙掌對捌。（圖441）

圖441

進步肘、靠：

吸氣—

Ⅰ.身體重心前移、落實右腿，左腿腳跟輕提、虛放，雙手順勢放下。（圖442）

圖442

Ⅱ.上身隨腰胯、右腿站直,與左大腿提平;雙手前臂上提平胸前,左手握拳、右手掌抵於左拳背。(圖443)

圖443

圖444

Ⅲ.腰胯下坐右腿,左腳向左側前方踏出一步、腳跟著地。(圖444)

呼氣──

Ⅳ右後腿起蹬,左腳掌落地、輕提腳跟,同時左掌推動右拳,左肘隨身勢,向左側方順勢擊出。(圖445)

圖445

V.左手下垂左腿內側，胯向右移、腰向左下折，左肩向左側靠出；右手拇指在腋下、虎口貼左肩、掌心向前，左腳跟輕提不變，重心在右後腿。（圖446）

圖446

圖447

收腿中定：

吸氣—

I.重心前移左腿、腰身起直，右腿收至左腳內側、右腳尖微朝右側方，同時左手上迎至額前，右手下放右腿側。（圖447）

呼氣—

Ⅱ.重心移右腿、半坐，左腳跟輕提、轉虛同時，左手上托過頭頂、掌心向上，右掌下按右腿側。（圖448）

圖448

圖449

退步左掤手：

吸氣—

Ⅰ.重心移左腿，右腳退後一步、腳尖著地，翻轉左掌心、手臂下移胸前，右手同時向上移護。（圖449）

呼氣—

Ⅱ.右後腿腳掌落地，重心後移、坐實右腿勁根上貫，左臂承接腰脊直覺掤出，右手掌指移護左掌內側。（圖450）

圖450

退步攦手：

吸氣—

Ⅰ.右腿、右手不變，左手隨腰深後移，腰胯、左前腿後退一大步、虛放，右手前、左手後，掌心前後相向狀。（圖451）

圖451

圖452

呼氣—

Ⅱ.然後身體重心後移，落實左後腳掌、半坐，右腿轉虛、輕提腳跟同時，雙手收肘、向後攦手。（圖452）

退步按手、擠手：

吸氣──

Ⅰ.左腿重心不變，腰身隨右前腿向後收、退一大步；重心移落於右後腿、微坐，左前腿轉虛同時，雙手收肘微收、掌心向前，與腋平同胸寬。（圖453）

圖453

圖454

呼氣──

Ⅱ.右後腿蹬直、勁根上貫，腰際內勁直覺貫脊臂，腰身趨前、輕提左前腳跟，雙手順勢向前按出。（圖454）

Ⅲ.腰胯微坐右腿，左手掌反轉向內在前，右掌指貼向左掌心，雙手肘微收。（圖455）

圖455

圖456

Ⅳ.右後腿蹬直，勁根腰脊整勁，雙手合掌再次擠出，重心在後腿。（圖456）

（五）合太極、收勢

（13）右轉（135度）十字手、抱虎歸山、合太極、收勢（12點鐘方向）。

右轉身、十字手：

吸氣──

Ⅰ.承接（12）方向（7½）；上身、腰胯半坐右後腿，左腿腳尖翹起（圖457），隨腰身向右轉動135度（12點鐘方向），放下左腳掌，與重心左移、半坐左腿（圖458）。

圖457　　　　　→　　　　圖458

呼氣──

Ⅱ.身體重心移落左腿，左手向前原勢不動，右腿收至左腳邊，同時放下右手、下垂右腿側。（圖459）

圖459

吸氣—

Ⅱ.右手上提與左手交叉（圖460），雙手掌心向上成十字，與右腿右移與同肩寬（圖461），兩手掌心翻轉向下，與分開同肩寬（圖462）。

圖460 → 圖461 → 圖462

呼氣—

Ⅲ.雙腿半坐、沉肩垂肘，含胸拔背、鬆腰鬆胯狀。（圖463）

圖463

抱虎歸山勢：（如圖464～圖472：吸氣、呼氣、吸氣、呼氣）

吸氣一：

圖464 → 圖465 →

呼氣一：

圖466　　　　圖467　　　　圖468

吸氣一：

圖469　　　　圖470　　　　圖471

呼氣一：

→　呼氣：

圖472

合太極：

再吸一口氣──

Ⅰ.雙手肘下合，兩手掌收至兩肩前。（圖473）

圖473

圖474

呼氣──

Ⅱ.雙手掌向下按。（圖474）

收勢：

吸氣──

Ⅰ.然後重心移於右腿（圖475），同時收左腿，兩腳尖併攏，雙手掌心向後（圖476）。

圖475　　　　　　　　圖476

呼氣—

Ⅱ.雙腿微坐、呼氣，身體站直、雙手掌心轉雙腿側
——收勢。（圖477）

圖477

→恢復自然呼吸，原地踏步、擺手；基本拳架運動終
了。

8. 內家拳術運動開始

　　習者雖然經過了靜態的基本動作運動，身體四肢已能不用力的自覺鬆放，向內在自覺運動發展，或習慣於較緩慢、深長吐納，與基礎動作招式同步運動；進入拳架運動、招式學習，動態的招式變化，習者專心於招式認知、拳架變動，忽略了基礎運動養成的放鬆要領，或內臟緊張的恢復使控意識活動、學拳，把內臟自主功能養鬆疏忽了，回復原習慣的淺層意識運動、學習拳架，也是常人反應的意識狀態現象。

　　此時，習者已學會基本拳勢架式，熟習拳架招式變化，是放鬆外在淺層意識，進入內家拳術、拳架運動新里程，向以內臟功能自覺主導身肢運動進展，身心自覺深入內在全面運動，是祕傳拳術內修入門。

　　從內臟不隨意肌群、自主性功能的自覺，主導身體、四肢的拳架運動，是隨意使控的身體、四肢骨骼肌群鬆放、被動，內臟、意識自覺主導全身運動；再進階內外肌群同步拳架運動，也是內家拳術的雙修進程義涵。

8-1　拳架的內修

　　太極拳架的緩慢運動，在於是身心、內外組織，生性、覺性的串聯，腦組織統合神經系統，統合全身功能自

覺運動養成，身心帶動全身內外的拳招變換活動；宜將平時腦內思、念的心意，對外的使控意識，體神經神經活動都放開、自覺，身體、四肢筋骨，骨骼肌群、使控意識自覺，把「人心」都放下、自覺，自然進入內在運動；即身心自覺的拳架運動。身體內外全面意識自覺，隨著內在覺性貫注、主動，身形蓄勢待發的輔動；身心、意識自覺的拳架運動養成，是內家拳術內修的安排。

自覺導引身心運動，全身內外自然的能鬆、能緊而無礙，與意識自覺的深長呼吸，身肢緩慢的陰陽交換活動，運動自能歸向內在自律性功能，內臟生理機轉本然的活絡，也能達到拳經的「以意練氣」境界。覺的活絡即神性的展現，組織覺性是人體各種意識產生根源；意識自覺的意識靜澄發展，消除各種功能阻礙、覺性清純活潑，覺的活絡即內臟肌群活動敏捷，呼吸氣、神氣活動順暢；如微覺的貫連、「血氣」活絡全身。

拳架內修運動中，各組織部位的覺性活絡所在，提升該部位的血氣活潑，組織部位的神氣所在是力氣產生的根源：進而以腰脊為中心，腰是太極勁的幅射軸心，腰勁源自丹田內力伸縮輔動，腹腔內臟肌群力勁的賓輔；拳術內修始於腹部肌群運動，腹腔腸道肌群內勁養成是內修主題。

習者摒除一切雜念，身心自覺與腹式呼吸法，配合拳架招式變換修習，使呼吸氣的氣存丹田，與任督二脈神氣活動相得益彰；再配以雙腿虛實互換的重力運動與耗氧，自覺貫串腰脊內外與緩慢的招式變動，及長時間的耐力運

動發展，促成內臟的全面大運動量，血氣周身運轉暢旺，日久自然氣聚丹田，向神氣周身運轉自如，內臟官能強健，太極勁道、功力成長於不自覺之中。

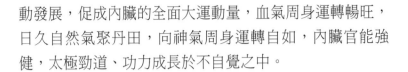

8－2　去除硬勁以養柔

常人所能自我使控、表現身體力量，源自向外意識活動、身軀四肢的力道，是人體對外活動的堅硬力勁；如平常提重物、推舉用力時，會先閉氣、鼓勁、再使力，在內修上，這力氣是僵硬的拙勁；源自身軀的體神經系、淺層意識活動力量，產生自隨意使控的骨骼肌群力勁。太極拳的勁道，是內外肌群全面性配合的剛柔勁道；產生自內臟平滑肌群養成的力勁，加上身軀放長柔化後，養成的彈性內外勁道。

練習拳架時先將身心全面自覺鬆放，以內臟自覺導引全身的拳架運動，招勢的虛實互換在漸進養成柔軟，外在身肢、內臟肌群柔軟是拳術彈性的根基；經逐步內覺貫串、內勁養成，身體自然趨向外操柔軟、內含剛勁狀態發展，是此段消除硬勁的生理基礎。

拳術上的虛領頂勁、上身中正，鬆腰鬆胯的坐實腰身；把常時的緊張習慣放開，自能去除組織意識僵硬，身姿內外、筋骨自然沉穩，在內外鬆柔自覺貫串下，上身沉肩垂肘、含胸拔背，身軀部位自覺的伸展、放長，是消除硬勁、養柔義旨；在動態中，下沉的身軀、含胸與垂肘柔放狀態，是落實身軀四肢拉長、消除常時僵硬習慣之所

在，不著力、自覺拉長的動態下，四肢活動自然靈活無滯；長期覺性與血氣同步活絡組織，自能養成柔和的力道來。

此際，在內勁養成方面，內部所有器官的肌群是自主領域，是人體自由意志指揮不到的自律活動範圍；內勁的養成是結合下腹部腸道肌群，以橫隔肌自覺導引的腹式呼吸作用，貫串內臟全面性的呼氣緊縮、吸氣鬆放的兩極運動養成，與在外身肢硬勁虛化、養柔的同步進展。

身肢柔軟、放長習慣養成，也啟動身心內外雙修的同步動向；即先天吐納、腹腔肌群帶動內臟肌群主導，身肢招式運動為輔的內外運動進展；習者漸進向深長的大量呼吸氣，內臟肌群彈性擴大的養成，配合拳術大運動量與耗氧，如很緩慢的招式動作，陰陽腿的大虛、大實拳架練習，對身體運動效益是最佳的時候。

8-3　身肢放長備養勁

身體、四肢放長是彈性力勁根源，如太極拳掤勁的力根在身體四肢的彈性；從各式基本動作開始，在全身肌群、筋骨拉長、養鬆，是拳架運動放長根基；人體組織肌群、筋骨的僵化，源自意識習慣所形成，以下各部位的意識自覺鬆放，是拳架運動放長的根本。

上身放長要領，於內在神氣相對流動的拉開，隨著吸氣活動下沉丹田的換氣，形成隱在反向神氣上升，頭部、頸脊虛鬆的向上領起拉開，與下顎微收，自然上身中正、

上下放長；也即拳經的虛領頂勁、氣沉丹田的義解。

　　上身在背脊支柱拔長鬆放下，胸腔鬆開向下、本然落實的含胸，背部本然的形成平圓狀，脊髓中樞自在鬆穩的維持中正，神氣上下通順、呼吸氣自然下沉丹田，全身脈絡、筋骨伸放，自然有彈性，是拳經含胸拔背的義涵；這含胸是脊髓鬆放，不是失去背脊支柱的駝背狀。

　　手臂的放長在沉肩垂肘與坐腕，臂與肩鬆放在雙肩下沉落實，兩臂放鬆手肘垂放向下，雙掌手腕向外下坐，脊根、肩臂自覺貫串，當手臂以螺旋的纏絲轉運時，以肘為中心垂肘、坐腕是放長之根；因之，沉肩墜肘及坐腕是雙臂放長之本。

　　在含胸拔背、沉肩垂肘後，小腹尾閭內含，脊椎最下方尾端，三節脊椎骨向前、向上微提的收尾閭，使尾閭內含、脊椎中正，神氣自然貫通頸頂；在鬆腰坐胯、胸腹上軀內外一體，身體自然輕靈、重心穩固。

　　拳術旋轉勁道由下而上，根在腳掌著地處，發之於腿、主宰於腰脊，再形之於雙臂掌指；下半身腿部的放長，靜態是開胯屈膝、胯下圓襠，動態以陰陽腿虛實變換重心，與螺旋式互換運動；向外旋轉時，外側處於放長，內側腿腳掌著地落實為中心，形成由下而上的根在腳、發之腰脊，形之臂掌的整體旋勁道。

　　在身體放長，不用力的自覺鬆放筋骨肌膚，去除身肢使控的外在拙勁之後，才能產生富有彈性的內在掤勁來，這內在自覺串聯、彈性產生的掤勁，是在身肢骨骼肌放鬆的自覺狀態下，不需閉氣鼓勁提起重物，力勁源自身心內

外、富有彈性的掤勁。因掤勁生於彈性，彈性生於身肢的放長，在依序漸進的聚精會神，神氣內斂自覺的練習，掤勁自然內生增長，也是拳經的：

「以心行氣，以氣運身，自能從心所欲，毫無阻滯，挨後天之力化盡，先天之內勁自然增長，有習慣成自然則一切意想力，自能支配生理作用。」的過程。

　　註：「先天之內勁」是自律性內臟平滑肌群勁道；「後天之力」是身肢使控、鼓氣產生的外在拙勁，體神經系使控力道。

8－4　內臟主導全身運動

　　人體的活動是身心、意識整體性；身體對外的各種情緒現象，如身體、四肢的行為、意識表達，或體內器官自律功能、感知不到的意識作用，這些身體周邊或隱或顯的意識活動，都產生自體內深層領域；經脊髓、腦幹整合，統合於大腦組織，構成了人的身心、意識體。

　　秘傳拳架此時段的活動，是身心、內外組織的全面性運動，經腹式呼吸進入內臟全面運動，自律的腸道分支養成使控，由腸道平滑肌群，丹田力勁與腰部主導，帶動身體、四肢拳架運動修程。

　　先賢的拳經中有「用意、不用力，全神貫注」的練拳境界；這「意」是人體「內在意識」，不是我們常時用心、用念的人心淺層，而是用內臟器官組織意識的

「意」，與身體、四肢對外意識活動的不用力；將常時自能使控的「人心」意識淺層全面放鬆的不用力，由「內在意識」主導身肢同步運動；這是習者須先認知，才不會發生混淆或走錯了方向。

太極拳的靜，是身心內外各種意識流的靜，使身肢活動自然輕靈；在練拳架時能靜、而覺的靈活才能發揮；因常人習慣於用「人心」對外活動，意識體的內、外層面也一時不易分清楚，所以，以全身內外各功能組織、器官部位的各自「意識自覺」，身心全面意識自覺直接進入意根、組織覺性，以內臟意識自覺導引全身內外運動，身肢活動自能輕靈自如，拳架招式變化靈活、敏捷，自然進入前面太極先賢的「用意、不用力，全神貫注」的練拳境界；這是我的意識自覺練拳、靜修心得，習者體悟即能直接進入狀況，省略許多古來的繁複解說，還請同好先進考驗、指正。

拳架招式練習的進程、身體內外的運動，均由人的內外意識全面性的意識自覺主導全程。這時候，自能使控的「人心」領域全面放鬆自覺，即身體、四肢筋肉放長的招式修習過程，以養成太極拳掤勁的彈性根源；一招一式配合以腹部緩慢深長的先天呼吸，引動內臟全面性自覺主導全身運動與進展；身肢的招式運動均在身心自覺的全神貫注，用意自覺、不用力的招式變換，與深長吐納、緩慢的陰陽互動，以加重運動，形成身心內、外一體的大運動量，與全身組織活絡的耗氧，肺部摘氧量互動的恒定提升，是太極拳架緩慢運動，流汗而不氣喘的身心運動現

象。

　　以上介紹，係人體自主功能自覺主導身體、四肢的拳架運動，是秘傳太極拳術內修的入門解說；再向秘傳拳術的進階、性命雙修、了性了命修程介紹。

………………太極長生法門（一）入門終了……………

　　張三豐祖師在其遺論上說：

「欲天下英雄豪傑延年益壽，
　　　　　不徒作技藝之末也！」

太極長生法門（二）「進階」目錄：

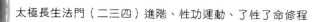
太極長生法門（三）性功運動目錄：

太極長生法門（四）了性、了命修程目錄

導引養生功

全系列為彩色圖解附教學光碟

張廣德養生著作　每冊定價350元

1 疏筋壯骨功 +VCD
定價350元

2 導引保健功 +VCD
定價350元

3 頤身九段錦 +VCD
定價350元

4 九九還童功 +VCD
定價350元

5 舒心平血功 +VCD
定價350元

6 益氣養肺功 +VCD
定價350元

7 養生太極扇 +VCD
定價350元

8 養生太極棒 +VCD
定價350元

9 導引養生形體詩韻 +VCD
定價350元

10 四十九式經絡動功 +VCD
定價350元

輕鬆學武術

1 二十四式太極拳 +VCD
定價250元

2 四十二式太極拳 +VCD
定價250元

3 八式十六式太極拳 +VCD
定價250元

4 三十二式太極劍 +VCD
定價250元

5 四十二式太極劍 +VCD
定價250元

6 二十八式木蘭拳 +VCD
定價250元

7 三十八式木蘭扇 +VCD
定價250元

8 四十八式太極劍 +VCD
定價250元

太極跤

1 太極防身術
定價300元

2 擒拿術
定價280元

3 中國式摔角
定價350元

彩色圖解太極武術

1 太極功夫扇

定價220元

2 武當太極劍

定價220元

3 楊式太極劍

定價220元

4 楊式太極刀

定價220元

5 二十四式太極拳＋VCD

定價350元

6 三十二式太極劍＋VCD

定價350元

7 四十二式太極劍＋VCD

定價350元

8 四十二式太極拳＋VCD

定價350元

9 楊式十六式太極劍

定價350元

10 楊氏二十八式太極拳＋VCD

定價350元

11 楊式太極拳四十式＋VCD

定價350元

12 陳式太極拳五十六式＋VCD

定價350元

13 吳式太極拳五十六式＋VCD

定價350元

14 精簡陳式太極拳八式十六式

定價220元

15 精簡吳式太極拳三十六式拳架・推手

定價220元

16 夕陽美功夫扇

定價220元

17 綜合四十八式太極拳＋VCD

定價350元

18 三十二式太極拳四段

定價220元

19 楊式三十七式太極拳＋VCD

定價350元

20 楊氏五十一式太極劍＋VCD

定價350元

21 嫡傳楊家太極拳精練二十八式

定價220元

22 嫡傳楊家太極劍五十一式

定價220元

23 嫡傳楊家太極刀十三式

定價220元

太極武術教學光碟

太極功夫扇
五十二式太極扇
演示：李德印 等
(2VCD)中國

夕陽美太極功夫扇
五十六式太極扇
演示：李德印 等
(2VCD)中國

陳氏太極拳及其技擊法
演示：馬虹(10VCD)中國
陳氏太極拳勁道釋秘
拆拳講勁
演示：馬虹(8DVD)中國
推手技巧及功力訓練
演示：馬虹(4VCD)中國

陳氏太極拳新架一路
演示：陳正雷(1DVD)中國
陳氏太極拳新架二路
演示：陳正雷(1DVD)中國
陳氏太極拳老架一路
演示：陳正雷(1DVD)中國
陳氏太極拳老架二路
演示：陳正雷(1DVD)中國
陳氏太極推手
演示：陳正雷(1DVD)中國
陳氏太極單刀·雙刀
演示：陳正雷(1DVD)中國

楊氏太極拳
演示：楊振鐸
(6VCD)中國

本公司還有其他武術光碟
歡迎來電詢問或至網站查詢
電話：02-28236031
網址：www.dah-jaan.com.tw

原版教學光碟

歡迎至本公司購買書籍

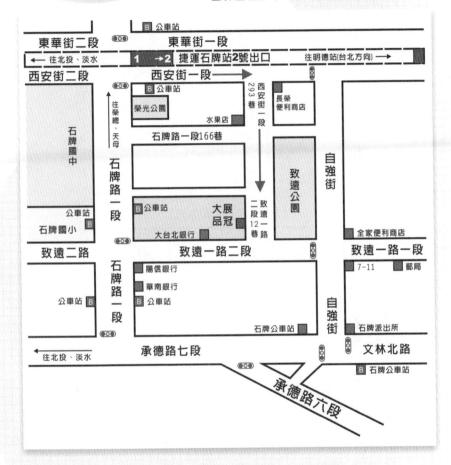

建議路線

1. 搭乘捷運‧公車

　　淡水線石牌站下車，由石牌捷運站2號出口出站(出站後靠右邊)，沿著捷運高架往台北方向走(往明德站方向)，其街名為西安街，約走100公尺(勿超過紅綠燈)，由西安街一段293巷進來(巷口有一公車站牌，站名為自強街口)，本公司位於致遠公園對面。搭公車者請於石牌站(石牌派出所)下車，走進自強街，遇致遠路口左轉，右手邊第一條巷子即為本社位置。

2. 自行開車或騎車

　　由承德路接石牌路，看到陽信銀行右轉，此條即為致遠一路二段，在遇到自強街(紅綠燈)前的巷子(致遠公園)左轉，即可看到本公司招牌。

國家圖書館出版品預行編目資料

太極長生法門(一)—入門／趙憲民　著

－初版－臺北市，大展，2012[民101.08]
　　面；21公分－（自我改造；1）
　　ISBN 978-957-468-893-7（平裝；附數位影音光碟）
　　1.太極拳
528.972　　　　　　　　　　　　　101011447

【版權所有・翻印必究】

太極長生法門(一)—入門（附DVD）

著　　者／趙　憲　民
責任編輯／孟　　甫
發 行 人／蔡　森　明
出 版 者／大展出版社有限公司
社　　址／台北市北投區（石牌）致遠一路2段12巷1號
電　　話／(02) 28236031・28236033・28233123
傳　　真／(02) 28272069
郵政劃撥／01669551
網　　址／www.dah-jaan.com.tw
E-mail／service@dah-jaan.com.tw
登 記 證／局版臺業字第2171號
承 印 者／傳興印刷有限公司
裝　　訂／建鑫裝訂有限公司
排 版 者／千兵企業有限公司
初版1刷／2012年（民101年）8月

定　價／330元

●本書若有破損、缺頁請寄回本社更換●